GÉNÉALOGIE HISTORIQUE

DE LA

FAMILLE DE MAUROY

EN CHAMPAGNE

PAR

ALBERT DE MAUROY

Correspondant de la Société académique de l'Aube
Membre du Conseil héraldique de France.

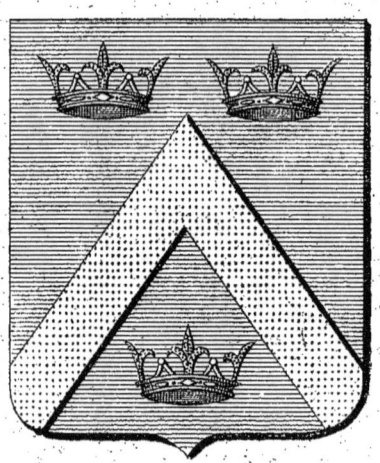

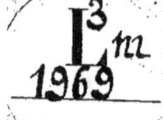

1887

GÉNÉALOGIE HISTORIQUE

DE LA

FAMILLE DE MAUROY

EN CHAMPAGNE

PAR

ALBERT DE MAUROY

Correspondant de la Société académique de l'Aube
Membre du Conseil héraldique de France.

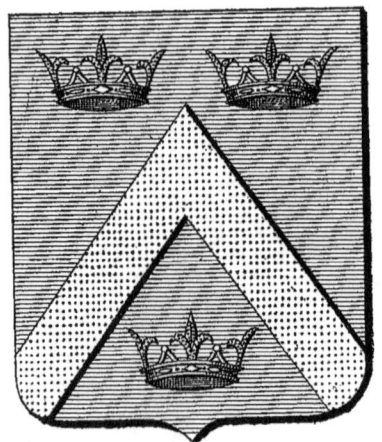

1887

ARMOIRIES : *D'azur au chevron d'or accompagné de trois couronnes royales du même.*

TIMBRE : *Casque de front orné de ses lambrequins.*

SUPPORTS : *Deux griffons.*

CIMIER : *Un griffon issant.*

Enigme de Mauroy de Troyes
Dampné n'eʒ pas sy ne le croys.

GÉNÉALOGIE

PREMIÈRE BRANCHE

Premier degré. — PHELIZOT DU MAIGNIL (ou du MESNIL), clerc, vivait à Origny en Champagne en 1330, avec demoiselle Jeanne, sa femme, qui était noble et gentilfemme, tenant fiefs des enfants de feu Guillaume de Lignol, écuyer, et de Marie de Vignes, sa femme, fiefs pour lesquels elle fut reçue à foi et hommage, comme noble et femme de condition, ce qui est prouvé par une sentence de 1447 dont il sera parlé plus loin. Phelizot du Mesnil et Jeanne moururent à Origny, où ils fondèrent deux anniversaires sur des prés qu'ils possédaient à Romilly. Ils laissèrent entre autres enfants :

1. JACQUES, qui continue la descendance.

2. NICOLAS MAUROY, dit le Bailly, demeurant à Origny, lequel fut déclaré franc et exempt de la jurée du roi comme noble et gentilhomme, et eut pour fils :

> **a.** JEHAN MAUROY, dit le Petit Bailli, qui, en sa qualité de noble, a été exempté de la jurée du roi par sentence du bailliage de Troyes rendue contre le procureur du roi ayant pris la cause du sieur Le Foullon, receveur de ladite jurée pour le roi à Troyes. En 1416, un Jean Mauroy est receveur de Chaumont. Est-ce le même personnage?

Deuxième degré. — JACQUES MAUROY, né à Origny, se retira à Troyes en 1360, à cause des guerres. La sentence obtenue en 1447 par son petit-fils et dont il sera parlé plus loin, porte qu'il fut réputé noble et jouit des privilèges de la noblesse, qu'il fut marié deux fois, qu'ayant perdu sa

1

première femme, il emporta comme noble et par privilège de noblesse tous les biens meubles qui avaient été communs entre eux. Il fut inhumé en 1410 en l'église Sainte-Madeleine de Troyes, où son tombeau se voyait encore en 1789 ; il représentait une grande croix de cuivre haute de neuf pieds, incrustée dans une autre croix de bois de cèdre, appliquée contre la muraille proche le grand portail : elle portait à sa base les armes des Mauroy et celles des Mauroy parti de Hennequin, avec l'inscription suivante en lettres gothiques :

MCCCCX

Cy gissent Jacques Mauroy l'aisné, escuier, et Nicolas, son fils ; Agnez, femme dudit Nicolas ; Gilette la Maillette, première femme de Jacques Mauroy le jeune, et plusieurs leurs enfans et parens.

Priez Dieu pour eulx !

Devant cette croix était le caveau, recouvert d'une grande pierre, portant en incrustation une plaque de cuivre dont l'inscription était effacée au siècle dernier, et depuis longtemps, par suite de l'usure des pas. Cette tombe avait été érigée par Jacques Mauroy, le jeune, dont il sera parlé plus loin.

Ledit Jacques Mauroy, l'aisné, marié en secondes noces à Etiennette ou Thiennette, en eut :

1. NICOLAS, qui continue la descendance.
2. MARIE ou MARION MAUROY, mariée au sieur Huguenin de Langres.
3. JEANNE ou JEANNETTE MAUROY, mariée à Guillaume Chevillon, lieutenant de Jean de Courcelles, gruyer du comte de Nevers en ses terres de Champagne.

En 1430, on cite Guillaume Chervillon ou Charvillon, membre du conseil de ville de Troyes. C'est peut-être le même personnage.

Troisième degré. — NICOLAS ou COLINET MAUROY, qualifié clerc-juré de Troyes, notaire-juré au tabellionnage royal de Troyes, notaire du roi ès foires de Champagne et de Brie vers 1414 et 1418. En 1404, comme clerc-juré de Troyes, il scelle un acte de son sceau, on y voit un C et une M dans une couronne de feuillages. En 1412, il fait partie du conseil de ville de Troyes et reçoit mandat d'emprunter, avec le receveur de la ville, la somme de 1,000 livres pour l'œuvre des fortifications. Ledit Colinet Mauroy épousa en premières noces Catherine Collot, fille de Pierre Collot, de Bar-sur-Seine, de laquelle il n'eut pas d'enfants, et à la mort de laquelle ayant obtenu une sentence du bailliage de Troyes contre ses héritiers, il emporta comme noble et par privilège de noblesse, tous les biens meubles qu'ils avaient eus en commun. Il épousa en secondes noces Agnèz Perricard, sœur de Colin Perricard ou Péricard, anobli par le roi en 1433, et dont on disait à Troyes en parlant d'un *riche homme :* « C'est la chevance *Perricard!* » Étant veuve, elle fait avec Nicole Mauroy et ses autres enfants, le 29 avril 1440, un accord par lequel ceux-ci la déchargent de la garde-noble qu'elle avait acceptée pendant leur minorité, et lui assignent son douaire. Dans cet acte, lesdits Colinet son mari, et Nicole, son fils, sont qualifiés écuyers. Colinet, mort en 1440, fut inhumé, ainsi qu'Agnès, dans la tombe de la famille, à Sainte-Madeleine. Agnès prit en secondes noces Simon Griveau, voyeur du roi à Troyes, veuf d'une Hennequin, d'eux vint : Odard Griveau, lieutenant-général du bailliage de Troyes, époux de Jehanne Perricard. Colinet Mauroy et Agnès Perricard eurent pour enfants :

1. Nicolas, qui suit :
2. Jehan MAUROY, contrôleur au grenier à sel d'Arcis, mort sans hoirs.
3. Jacques, dont la branche suivra.
4. Guillemette MAUROY, prieure du couvent de Notre-Dame-aux-Nonnains, à Troyes.
5. Une fille morte jeune et inhumée à Sainte-Madeleine le 27 août 1412.
— « La grant fille Colinet Mauroy. »

Quatrième degré. — Nicolas ou Nicole MAUROY, écuyer, qualifié aussi noble homme, ainsi que tous les Mauroy aux xv° et xvi° siècles, fut seigneur de Saint-Étienne-sous-Barbuise, de Colaverdey (Charmont), Voué et Montsuzain, qu'il acheta en 1468 à Jean de Poitiers, seigneur d'Arcis, de Fontaines, acheté en 1466 à Jean de Poitiers, de Luyères, de Saint-Remy, de Soligny, de Vilmaheu, dont il fit foi et hommage au roi le 18 octobre 1451. La plupart de ces seigneuries possédaient alors des maisons fortes et le seigneur y avait haute, moyenne et basse justice. Nicole Mauroy fut licencié ès lois, bailli de Brienne, lieutenant général du bailli et gruyer du comte de Nevers en ses terres de Champagne, conseiller de Monseigneur de

Poitiers, seigneur d'Arcis; bailli d'Arcis-sur-Aube, conseiller du roi et élu sur le fait des aides ordonnées pour la guerre à Troyes, avocat du roi à Troyes et conseiller en cour laye, enfin lieutenant-général du bailliage de Troyes en 1472. Il est cité à différentes dates comme membre du conseil de ville de Troyes. Il comparaît avec Jean Mauroy à plusieurs levées du ban et arrière-ban, notamment en 1465, 1473, 1474, 1477, 1478, 1479, et à chaque levée il fournit deux combattants équipés à ses frais. On voit encore aujourd'hui ses armoiries et celles de sa femme sur la tribune seigneuriale de l'église de Charmont et sur leur pierre tombale mutilée devant le jubé de Sainte-Madeleine de Troyes.

En 1437, il obtient lettres royaux qui défendent de le soumettre à la taille. En 1438, étant sorti de Troyes avec un parti pour repousser les écorcheurs et retondeurs, il est fait prisonnier avec d'autres Troyens; la ville paie leur rançon. Le 24 novembre 1447, il obtient sentence des commissaires des francs-fiefs, qui le reconnaît et déclare noble en lui donnant mainlevée de la saisie féodale opérée sur son fief de Saint-Étienne-sous-Barbuise, disant qu'il ne doit payer et ne paiera mie au roi notre sire lesdits droits de franc-fief. Après avoir adressé requête au roi, exposant qu'il était noble et extrait de noble lignée, vivant noblement, mais que se trouvant chargé d'une nombreuse famille, il s'était vu contraint, pour la soutenir honorablement, de postuler comme avocat, il obtint, le 3 décembre 1461, lettres royaux qui lui permettent de postuler comme avocat devant le bailli de Troyes, quoique noble et extrait de noble lignée, et en conséquence l'exemptent de toutes tailles et impositions. Après quoi il obtint, le 5 juillet 1463, sentence de l'élection de Troyes contre les habitants de cette ville. Par sentence du bailli de Troyes, du 9 juillet 1465, Nicole Mauroy, après s'être présenté et avoir été admis au ban et arrière-ban, est inscrit au catalogue des nobles de la province de Champagne. Pendant qu'il était lieutenant-général de Troyes, Nicolas Mauroy fut accusé d'avoir dit plusieurs faussetés et sinistres paroles, d'avoir favorisé Louis de Luxembourg, comte de Saint-Pol, connétable de France, Jean, comte d'Armagnac, et les Bourguignons, ennemis du roi, d'avoir fait mettre leurs armes en ses hôtels et métairies de Champagne, d'avoir logé des gens de guerre à Montsuzain, etc.; il fut conduit à Paris et absous par le Parlement le 17 août 1476. En 1470 et 1481, les habitants de Colaverdey et Saint-Remy-sous-Barbuise, reconnaissent tous droits de banalités de fours et de vins, dîmes et terrage de blé, droits de corvées, de main-morte et autres, en toute l'étendue de la justice et seigneurie de Colaverdey, pour le seigneur dudit lieu. Nicole Mauroy avait épousé Jeanne Hennequin, fille de Jean Hennequin, écuyer, seigneur de Lantages, et de Catherine de la Garmoise, tante de l'évêque de Troyes, Odard Hennequin, aumônier de François Ier. Il mourut vers 1485 et elle en 1495, et le 4 octobre de cette même année, leurs enfants font le partage de leurs biens. Ils avaient eu pour enfants :

1. Jean MAUROY, écuyer, seigneur d'Avant, bailli de Nogent-sur-

Seine, conseiller et avocat du roi au bailliage de Troyes, conseiller en cour laye, lieutenant ordinaire du roi à Troyes, grand-maire de l'abbaye de Saint-Loup, grand-maire de l'église de Troyes, etc. En 1464 il fait service personnel au roi. En 1478 il sert encore en Bourgogne dans l'arrière-ban. Il mourut à Dijon le 24 septembre 1484 et fut inhumé en l'église des Cordeliers de cette ville sous une tombe d'un remarquable dessin. Il avait épousé Guillemette de Pleurre ou de Pleurs, dont il eut :

   a. Louise MAUROY, mariée à Michel Angenoust, écuyer, seigneur d'Avant à cause d'elle, Argeret et Vigneaux, lequel
   se distingua dans les guerres de son temps et fut fait prisonnier par les Anglais.

   b. Charlette MAUROY, mariée à Pierre le Fer, bourgeois de
   Paris.

2. Louis MAUROY, licencié en décrets, lequel par actes des 13 et 28 septembre 1469, s'oblige, envers le roi, avec Nicolas, son frère, pour la somme de 1,200 livres. Il fut probablement prêtre ou moine.

3. Nicolas MAUROY, dit le Jeune et le Poète, seigneur de Saint-Étienne-sous-Barbuise. Il fut échevin, conseiller de ville, clerc de la ville de Troyes, receveur des deniers communs, etc., il est dit feu en 1529. Voir, pour ses œuvres poétiques, son article dans *Moréri* et dans *les Troyens célèbres,* de *Grosley.* Marié à Jacquette ou Jacqueline Perrecin, il en eut :

   a. François MAUROY, docteur en théologie, religieux à Clairvaux, abbé de Mores en 1534.

   b. Nicolas MAUROY, marié à Marguerite Mathey.

   c. Guillemette MAUROY, mariée à Jacques Boyau, dont les
   enfants déterminent, par acte de 1536, leurs parts respec-
   tives dans la seigneurie de Saint-Étienne-sous-Barbuise.
   On voit encore aujourd'hui sur les vitraux de l'église de Saint-
   Étienne les armes d'une famille que nous ne connaissons pas
   alliées à celles des Mauroy. Ce seraient peut-être les armes
   des Boyau. Bandé d'azur et d'or au chef losangé de gueules
   et d'or.

   d. Catherine MAUROY, mariée à Claude Blondel.

   e. Marthe MAUROY.

   f. Marguerite MAUROY.

4. François MAUROY, écuyer, seigneur de Rhèges et Montsuzain, échevin de Troyes en 1493. Le 20 mai 1480 il compta pour le roi, au sire d'Arban, commandant du fort de Joux, la somme de

13,000 livres qu'il exigeait pour la reddition de cette place. Le 16 décembre 1493, ledit François et Nicolas, son frère, comme tuteurs de leurs nièces, rendent hommage à M. de Chaumont. Le partage de la succession dudit François Mauroy est du 26 août 1511; il avait épousé Gillette de Pleurre, dont il eut :

a. GUILLAUME MAUROY, religieux à Molesmes, prieur de Franchevault. Ce doit être lui qui, en 1514, est qualifié licencié en décrets, prévôt de Montier-la-Celle.

5. PIERRE, qui continue la descendance.

6. LOUISE MAUROY, mariée à Jacques le Tartrier. Elle est représentée avec ses armes et celles de son mari sur une verrière de l'église Saint-Nicolas de Troyes. Leur petit-fils Étienne le Tartrier, docteur en médecine à Troyes, obtint du bailliage de Troyes, le 25 novembre 1559, une sentence de noblesse qui rappelle celles obtenues précédemment par les Mauroy en 1447 et 1556.

7. ANTHOINE MAUROY, chevalier de Rhodes en 1484, après preuves de noblesse reçues par MM. de Saint-Phal et Dardilier, commissaires de l'ordre de Saint-Jean de Jérusalem, puis célestin à Sens avec son frère Odard.

8. ODARD MAUROY, célestin à Sens.

9. JACQUETTE MAUROY, mariée à Guillaume Huyard, seigneur de Colaverdey en partie, conseiller et avocat du roi à Troyes après Jean Mauroy, député de Troyes aux états-généraux de 1484; il fut inhumé à Saint-Loup, dont il était grand-maire. Il était aussi grand-maire de l'église de Troyes. Il est représenté avec ses armoiries sur la belle verrière qu'il a donnée à la cathédrale de Troyes.

La généalogie des de la Porte parle d'une Anne MAUROY, qu'on dit fille de Nicolas Mauroy et de Jeanne Hennequin, mariée à Remy-Barthélemy de la Porte, sieur de la Giberie, élu à Troyes. Je n'ai vu citer cette Anne Mauroy nulle part ailleurs.

La généalogie des Berthelin (issus des Léguisé), au cabinet des titres, à Paris, note Catherine MAUROY mariée à François Léguisé, frère du célèbre évêque de Troyes de ce nom, et les donne comme auteurs des Berthelin. Je n'ai trouvé que là cette Catherine Mauroy.

La seigneurie de Colaverdey appartenant à la famille de Mauroy, je ne sais comment un Charles de Mesgrigny peut être qualifié, par Moréri et Caumartin, seigneur de Colaverdey vers 1480. Ce Charles de Mesgrigny, non cité à la généalogie de cette maison, est dit marié à Henriette Luillier, veuve d'Eustache de Pleurre, cette Henriette fille d'Arnauld Luillier et de Catherine Phelipe, celle-ci fille de Jacquenot Phelipe, seigneur de Landreville et de Catherine de la Garmoise. Les Luillier sont parents des Mauroy, ainsi que les de Pleurre et les la Garmoise. Ce Charles de Mesgrigny devait être mariée en premières noces à une Mauroy, et parrain de Charlette Mauroy, qui précède.

Cinquième degré. — PIERRE MAUROY, écuyer, seigneur de Colaverdey, Vauchassis (domaine royal aliéné en faveur des Dorigny et Mauroy), Fontaines, Luyères, Champgrillet, Belley, Messon, Plyvot, Voué, etc. Je l'ai trouvé qualifié prévôt de la monnaie de Troyes. En 1505 et 1513 il fait hommage pour son fief de Plyvot. Il est maire de Troyes en 1516. Il présente les clefs de la ville de Troyes au roi François Ier passant en cette ville. On voit encore, de nos jours, ses armoiries sur une verrière en l'église de Vauchassis, et ses armoiries écartelées de celles de sa femme en l'église de Pont-Sainte-Marie. Avant la révolution elles figuraient au-dessus de la porte du cimetière de Sainte-Madeleine. Nous pouvons encore les voir avec les portraits des deux époux et de leurs enfants sur une verrière qu'ils ont donnée et qui est placée en haut du chœur de Sainte-Madeleine, à droite. Dans le partage des biens de ses parents il est dit avoir Colaverdey avec tous droits de justice haute, moyenne et basse, et la moitié du château et des fossés, plus la terre, seigneurie, haute, moyenne et basse justice de Montsuzain, et la moitié de l'hôtel paternel à Troyes, en outre les dîmes de Colaverdey et les droits de justice de Fontaines. Pierre Mauroy épousa Catherine Drouot, fille de Pierre Drouot, sieur de Viviers, et de Jeanne de Pleurre. Le partage de ses biens fut fait le dernier juillet 1534 entre ses enfants, qui furent :

1. FRANÇOIS MAUROY, écuyer, seigneur de Montsuzain, licencié ès lois, conseiller et élu pour le roi en l'élection de Troyes, qualifié avocat et échevin de Troyes en 1533. Marié à Catherine Cochot, il en eut :

    a. OUDARD MAUROY, écuyer, seigneur de Montsuzain, mort sans hoirs.

    b. BARTHÉLEMY MAUROY, écuyer, marié à Perrette Briel, laquelle étant veuve obtint, le 14 septembre 1566, une sentence du bailliage de Troyes contre le prévôt de cette ville, cassant et annulant un acte de tutelle fait par lui, attendu la noblesse de Barthélemy Mauroy, son mari, et que le prévôt n'est pas juge des nobles. Ils eurent pour fille : FRANÇOISE MAUROY, religieuse à Notre-Dame-des-Prés-les-Troyes.

    c. DENYS MAUROY, mort sans hoirs.

    d. MAGDELAINE MAUROY, mariée à Hubert le Manjonet, sergent royal à cheval du présidial de Troyes.

    e. GUILLLEMETTE MAUROY.

f. Catherine MAUROY, mariée à Charles le Petit, sommelier du roi.

2. Michel, qui continue la descendance.

3. Nicolas MAUROY, écuyer, seigneur de Fontaines, Luyères, échevin de Troyes en 1540. En 1541, il rend hommage pour la moitié de la seigneurie de Villemereuil comme tuteur et curateur de ses enfants mineurs. En 1542, il est cité à une levée du ban et arrière-ban. Les armoiries des Mauroy et celles des Mauroy alliées à celles des de Pleurre, se voient encore dans les églises de Luyères et de Fontaines. Il épousa Renée de Pleurre, dont il eut :

> **a.** Pierre MAUROY, écuyer, seigneur de Fontaines, échevin de Troyes en 1563, marié par contrat du 6 septembre 1547 à Barbe Molé, fille de Claude Molé, écuyer, seigneur de Villy-le-Maréchal, et de Simonne Dorigny. Leurs armes se voient encore en l'église Saint-Pantaléon, de Troyes, sur une ancienne clef de voûte.

> **b.** Sébastien MAUROY, marié à Claudine le Marguenat. En 1568, il donne aveu et dénombrement du fief de Villemereuil pour divers biens sis à Villemereuil, appartenant aux héritiers de ses père et mère. La célèbre marquise de Lambert Saint-Bris, née de Marguenat, appartenait à la famille de sa femme.

> **c.** Claude MAUROY, marié par contrat du 18 octobre 1558 à Anne Maillet.

> **d.** Odette MAUROY, mariée à François Baulot, de Provins, seigneur de Fontaines à cause d'elle. Elle obtint, le 10 janvier 1571, une sentence de l'élection de Provins avec arrêt d'acquiescement de la cour des aides du 22 août 1571, contre les maire, échevins et collecteurs de ladite ville, qui voulaient la soumettre à la taille. Cette sentence donne sa généalogie et rappelle les sentences déjà obtenues par les Mauroy en 1447 et 1556. En 1574 elle donne aveu et dénombrement de la seigneurie de Fontaines, qu'elle tenait de la succession de Pierre et Sébastien Mauroy, ses frères.

4. Jacques, dont la branche suivra.

5. Magdelaine MAUROY, mariée à François Cochot.

6. Une fille qui est peut-être Jehanne MAUROY, religieuse à Notre-Dame-aux-Nonnains en 1519.

7. Une autre fille.

Je rassemble ici les noms des Mauroy cités comme monnayers à la monnaie de Troyes : François Mauroy, prévôt en 1545. Sébastien, Michel,

Jacques, Nicolas Mauroy, monnayers en 1545. Jean Mauroy, seigneur de Colaverdey, monnayer en 1561. Pierre, Nicolas et Sébastien Mauroy, monnayers en 1585. François Mauroy, monnayer en 1571.

Sixième degré. — Michel MAUROY, écuyer, seigneur de Colaverdey, Vauchassis, Saint-Étienne-sous-Barbuise, Fontaines, Luyères, dont il fit foi et hommage en 1532, il fut deux fois maire de Troyes en 1548 et 1554. En 1533, enquête pour savoir qui de François, Michel, Nicolas et Jacques Mauroy ou du curé de Colaverdey a droit à la moitié des dîmes du finage de Colaverdey, l'autre moitié étant au doyen et au chapitre de la cathédrale de Troyes. En 1534, Michel Mauroy est maintenu dans le droit de banvin contre les habitants de Colaverdey par sentence du bailliage de Troyes. En 1538, le même tribunal le maintient dans le droit de corvée sur les habitants de ladite seigneurie. En 1555 il obtient lettres royaux qui lui permettent de construire un pont-levis à la maison seigneuriale de Colaverdey, et le 12 août 1556 le bailli de Chassenay autorise son fils Jean à exécuter le travail. Michel Mauroy obtint, les 22 mai et 22 juin 1555, des lettres royaux qui le relèvent de la vie roturière menée auparavant par quelques personnes de la famille. Le 20 décembre 1555 il fait faire, par-devant l'élection de Troyes, avec ses frères, une enquête sur la noblesse des Mauroy, après laquelle une sentence de l'élection de Troyes du 6 août 1556 déclara sa noblesse et relata sa généalogie et celle de ses frères. Cette sentence est en original sur parchemin, enluminée des armoiries des Mauroy, au cabinet des titres. Les trois couronnes y sont figurées royales modernes ou fermées, ainsi que nous en avons beaucoup d'autres exemples. Dans ce partage des biens de son père, on voit que Michel Mauroy eut la moitié indivise de la motte de Colaverdey, avec la justice haute, moyenne et basse dudit lieu, le four banal, le droit de terrage et généralement tous les biens et droits assis à Colaverdey, sauf les dîmes et le moulin de Chaudron, attribués à son frère François, lequel a, en outre, la moitié de l'hôtel paternel sis à Troyes, et la terre et seigneurie de Montsuzain; Nicolas a la seigneurie et motte de Fontaines, avec d'autres biens. En 1557, estimation des biens dépendant des successions de Michel Mauroy et de Claudine Dorigny, sa femme, faite entre leurs enfants. On y cite la seigneurie et prévôté de Vauchassis et tous les droits y attachés, vendus en 1551 par le roi à Jean Dorigny, et advenus à Michel Mauroy par revente des commissaires royaux en 1548. Le 16 septembre 1558, règlement de ladite succession, avec attribution à Jean et à Pierre Mauroy, de la mairie royale de Colaverdey, et de la châtellenie et droits royaux de Vauchassis. Michel Mauroy avait épousé en premières noces Claudine Dorigny, fille de Jean Dorigny et de Colette Molé; l'inventaire de ses biens, après décès, est du 23 septembre 1538. Il y a, au trésor de la cathédrale de Troyes, une belle et ancienne tapisserie portant les armoiries Dorigny et Molé, et ces armes se retrouvent à Troyes sur d'autres monuments. On voit encore, de nos jours, les armoiries des Mauroy et des Dorigny sur une verrière de Saint-Étienne-sous-Barbuise, sur la tribune seigneuriale de l'église de Charmont, et sur de nombreux carreaux émaillés dans le pavage de cette église. Ces deux époux sont cités comme ayant donné au couvent de Notre-Dame-des-Prés une magnifique verrière où étaient leurs armes et leurs portraits, agenouillés, et qui fut placée au-dessus du maître-autel. Michel Mauroy prit en secondes noces Guillemette de Marconville dont il n'eut pas d'enfants, mais il laissa de son premier lit :

1. JEAN DE MAUROY, écuyer, seigneur de Colaverdey, Aubeterre, Voué, Villetard; cité comme acheteur du gagnage de Jérusalem en 1563 et 1565, échevin de Troyes en 1551 et conseiller de ville. Il fut contrôleur en l'élection de Troyes, contrôleur des aides et tailles du royaume. En 1557, il est nommé, par lettres royaux, capitaine des arquebusiers de Troyes, pour jouir de toutes les prérogatives attribuées à ce titre. En 1562, le conseil de ville de Troyes nomma des députés chargés d'aller se plaindre au roi, des huguenots, mais il redoute le zèle de Pierre Mauroy (frère dudit Jean), qui est en cour, il l'informe de ne pas s'occuper d'obtenir des lettres pour expulser de l'échevinage ceux qui seraient soupçonnés d'être de la religion réformée. Il était trop tard, les suspects furent expulsés, parmi eux Jean Mauroy. Mais en septembre 1563, celui-ci obtient l'autorisation de reprendre ses fonctions de conseiller de ville, le maire et les échevins s'opposent à l'exécution de ces lettres royaux, mais Mauroy se fait réinstaller par le gouverneur en une assemblée consulaire du 14 janvier 1564, où il fait profession de foi et déclare vivre catholiquement. En 1563, messire Jean Mauroy est nommé pour commander les bourgeois qui iront, à cheval, au-devant du roi arrivant à Troyes. En 1563, le sceau de son prévôt en la seigneurie de Colaverdey est aux armes des Mauroy. Par contrat du 11 décembre 1541, Jean de Mauroy épouse Loyse de Pleurre. Il meurt en 1570 et elle en 1580. Par leurs testaments et codiciles de 1563, 1568, 1576 et 1580, ils font donation de tous leurs biens, meubles et immeubles, pour fonder à Troyes, à perpétuité, un hôpital d'enfants pauvres, où les familles de Mauroy et de Mesgrigny auront, à perpétuité, le droit de nommer chacune deux enfants; et où douze enfants pauvres de Colaverdey seront admis à perpétuité. Cet hôpital, placé sous l'invocation de la Sainte-Trinité, fut installé dans l'hôtel même des fondateurs, et l'on en voit encore les bâtiments (qui sont classés parmi les monuments historiques), dans la rue de la Trinité, à Troyes, avec les armoiries des fondateurs sur de beaux écussons, en plusieurs endroits. Les armoiries de ces donateurs figuraient avant la Révolution au-dessus de la grande porte cochère de cette habitation, avec une aigle en support; de là le nom de l'hôtel de l'Aigle, par lequel on le désignait anciennement. Loyse de Pleurre parle dans son testament de ses beaux-frères Nicolas, François et Jacques Mauroy, avec les titres de grènetier d'Arcis et de Monsieur le prévôt et Monsieur le lieutenant Mauroy. Elle lègue des pierreries à son neveu de Mesgrigny et à sa nièce la présidente, son grand diamant et son grand rubis à sa nièce d'Aubeterre, etc. En 1550, elle avait donné, avec son mari, au couvent des religieuses de Foissy, une belle verrière où se voyaient leurs portraits agenouillés et leurs armes. Ils n'eurent pas d'enfants et furent inhumés en l'église Saint-Jean, où de grandes plaques de cuivre appliquées à un pilier et portant des inscriptions, rappelaient autrefois leur bienfaisance.

2. PIERRE, qui continue la descendance.

3. NICOLAS MAUROY, écuyer, homme d'armes aux compagnies des ordonnances du roi, puis grènetier au grenier à sel d'Arcis-sur-Aube; il est cité comme ayant fait des fondations pieuses en l'église de ce lieu.

4. FRANÇOIS MAUROY, écuyer, seigneur de Courcelles, licencié ès lois, grènetier au grenier à sel de Nogent-sur-Seine, puis prévôt royal de Troyes, de 1562 à 1569. Il épousa en premières noces demoiselle Le Tartrier, puis Anne Bazin, qui se remaria au maire de Hault, et il mourut sans enfants le 23 mars 1572.

5. JACQUES MAUROY, écuyer, élu pour le roi en l'élection de Troyes. Marié à Perrette Angenoust, il en eut :

    a. MARIE DE MAUROY, mariée à Nicolas Cornuel, écuyer, seigneur de Villepion, secrétaire de M. de Dinteville, gouverneur de Champagne, puis secrétaire du roi, tabellion en chef de Troyes, ils sont beaux-parents de la célèbre Madame Cornuel. Marie de Mauroy épousa en secondes noces Priam Bressel, écuyer, seigneur de la Pierre, la Neuville et Montsuzain, dit le capitaine La Pierre, capitaine des gardes du duc de Guise, tué en un duel fameux, fils de Jean Bressel, secrétaire du duc de Lorraine, anobli en 1570. Leur postérité modifia leur nom et leurs armes et s'appela de Brussel ou de Broussel. Marie fut inhumée avec son premier mari, derrière le maître-autel de l'église Saint-Pantaléon, de Troyes. Leurs épitaphes et armoiries s'y voyaient autrefois.

6. CATHERINE MAUROY, mariée par contrat du 22 avril 1536 à Claude Pinette, maire de Troyes en 1564.

7. SIMONETTE MAUROY, mariée à François Girardin, seigneur de Virloup et Champigny, puis en secondes noces au sieur Le Petit, seigneur de la Chaussée, grand-prévôt de Châlons en Champagne.

8. COLETTE MAUROY, religieuse à Notre-Dame-des-Prés.

Septième degré. — PIERRE MAUROY (ou PIERRE DE MAUROY), écuyer, seigneur de Colaverdey, Vauchassis, Champgrillet, Montsuzain, Laines-au-Bois, Belley et Messon, monnoyer en la monnaie de Troyes, receveur du taillon à Troyes, receveur des deniers de la gendarmerie et des deniers extraordinaires, conseiller du roi et élu en l'élection de Troyes, juge-consul de Troyes, maire de Troyes en 1566. Le 23 mai 1561, il obtient lettres royaux qui le relèvent des actes de dérogeance qu'il pourrait avoir fait. En 1563, il rend foi et hommage pour le fief de Champgrillet. Le 5 août 1573 il obtient du roi d'autres lettres patentes le relevant de vie roturière. En 1577 il présente requête au roi pour être autorisé à établir un pont sur la Barbuise, avec droit pour lui d'y percevoir une taxe de passage. En 1579, il obtient permission de rétablir les fourches patibulaires de Champgrillet. Le 20 janvier 1580 il obtient un arrêt des francs-fiefs qui le dispense desdits droits en qualité de noble. Le 22 septembre 1583, la cour des grands jours de Troyes rend un arrêt sur appel d'une sentence rendue en sa faveur, d'après lequel il est dispensé de fournir plus amples preuves et sa noblesse reconnue. Il obtient encore une sentence de l'élection de Troyes contre les habitants de Marigny, faisant défense à ceux-ci de le soumettre à la taille. Dans un aveu et dénombrement du fief de Colaverdey, il déclare y posséder haute, moyenne et basse justices, pour lesquelles il a prévôt, garde, lieutenant, greffier, procureur, sergent et autres ministres, prisons, fourches patibulaires et autres signes de justice, droits de confiscation, de corvées, fours et pressoirs banaux situés devant le château, etc. Le 21 avril 1568, étant maire de Troyes, il se porte caution du roi, avec les habitants de la ville de Troyes, envers le duc Casimir, fils du comte Palatin du Rhin, pour la somme de 1,026,421 livres 10 sols tournois, et reçoit du roi une lettre qui lui témoigne sa satisfaction. En 1566, il avait fait édifier, décorer et meubler la chapelle Saint-Pierre, en l'église Saint-Jean, de Troyes, où il fut inhumé et où se voyaient, avant la Révolution, ses armoiries sur les voûtes, verrières et ornements. Il avait épousé Marie Le Gras, fille de Benoît Legras, seigneur de Vaubercey, et de Françoise Cléry. La liste des maires de Troyes l'appelle Pierre de Mauroy et cite aussi en leur donnant la particule Michel et Pierre de Mauroy, ses père et aïeul. L'obituaire des Cordeliers cite aussi Pierre de Mauroy et Jacques de Mauroy, son aïeul et son oncle. Pierre de Mauroy testa le 21 octobre 1590, et sa veuve, Marie Le Gras, en 1612. Elle ordonne qu'on l'inhume à Saint-Jean, dans sa chapelle. Les armoiries de ces deux époux se voient encore sur une belle verrière de l'église Saint-Pantaléon. L'inventaire et le partage des biens de Pierre sont des 9, 10, 11, 12 février 1593; l'accord relatif à la succession de Marie Le Gras est de 1614. Leurs enfants furent :

1. FRANÇOIS, qui continue la descendance.

2. NICOLAS MAUROY, écuyer, seigneur de Belley, Messon, etc., né le 21 novembre 1565, licencié ès lois, commissaire des guerres par provision de 1592. Un certificat du roi en date du 27 septembre 1597 atteste qu'il servit dans toutes les occasions qui se sont présentées en qualité d'un des cent hommes d'armes des ordonnances du roi. Autre certificat de bons services militaires, daté du 16 janvier 1614, pour le sieur de Belley de Mauroy. Il obtint, les 28 juillet et 4 août 1633, deux sentences de l'élection de Troyes contre le fermier des entrées des vins. Le 17 juin 1634 il obtenait une autre sentence de l'élection de Troyes, par laquelle on voit que noble homme Nicolas Mauroy, écuyer, est déchargé de la taille en qualité de noble. En 1635, les habitants de Messon déclarent, par acte du 8 janvier, ne le vouloir comprendre au rôle des tailles, attendu sa noblesse. Le 13 décembre 1635, un arrêt des commissaires des francs-fiefs le décharge desdits droits. Des lettres royaux du 26 avril 1636 le déchargent du service du ban et arrière-ban, attendu son grand âge. Par contrat du 21 avril 1591, il avait épousé Anne de Hault, fille de Nicolas de Hault, maire de Troyes en 1588, et seigneur de Lignol, et d'Anne Bazin. Il mourut en 1638. Anne de Hault étant veuve obtint, en 1641, une sentence des commissaires départis sur le fait de la noblesse de Champagne, qui la maintient noble. Elle mourut vers 1643 et fut inhumée, ainsi que son mari, dans l'église de Messon où leurs épitaphes et armoiries gravées se voyaient avant la Révolution. Leurs armes se voient encore aujourd'hui sur une verrière de la chapelle du château de Messon. Leurs enfants furent :

a. ANNE DE MAUROY, mariée par contrat du 13 février 1610 à M. Le Page, écuyer, seigneur de Précy-Notre-Dame, Vaubercey et Messon en partie à cause d'elle, valet de chambre du roi.

b. LOUISE DE MAUROY, mariée à Claude de Vaudrey, seigneur de la Voulte et de Fouchard, puis en secondes noces, par contrat du 15 janvier 1637, à François de Châlon, seigneur de Viviers. Enfin un acte de 1645 la dit épouse de Jacques Doussin, seigneur de Paillet, la Motte et Viviers.

c. MARIE DE MAUROY, mariée à Guillaume Le Lieur, écuyer, seigneur de Coursault, Tranchet, Fossoy, Errey et Belley à cause d'elle, premier chevau-léger de la compagnie de Monsieur et maréchal des logis de l'escadron de la noblesse du bailliage de Troyes au ban et arrière-ban de 1635.

d. JEANNE DE MAUROY, mariée à Arnould de Las, écuyer, seigneur de la Couldre et Valotte en Nivernais, homme d'armes de la compagnie du prince de Condé. Marie Le Gras en son testament de 1612 parle de Jeanne de Mauroy, religieuse à Pommeret, fille de M. de Belley, son fils.

3. CLAUDINE MAUROY, mariée par contrat du 14 juillet 1566 à Nicolas d'Auxerre; seigneur de Chanteloup et Champgrillet à cause d'elle, garde de la monnaie de Troyes. J'ai rencontré leurs armes sur une margelle de puits à Chanteloup, près Troyes.

4. MARIE DE MAUROY, mariée par contrat du 5 octobre 1572 à Claude de Mertrus, écuyer, seigneur de Saint-Ouen, Saint-Étienne, Humbeauville et Brabant, capitaine des vieilles bandes, capitaine de 400 hommes de pied, gouverneur de Chevreuse, commissaire des guerres, gentilhomme de la maison du roi. Elle mourut le 24 août 1584. Leur petit-fils voulant entrer dans l'ordre de Malte en 1653 prouva la noblesse des Mauroy.

5. CATHERINE MAUROY, dame de Courcelles, mariée par contrat du 6 juin 1575 à Laurent d'Aultruy, receveur des tailles à Troyes, puis en secondes noces à Claude du Parc, écuyer, seigneur de la Forêt à cause d'elle, du Plessis-Montigny, etc., l'un des vingt-cinq gentilshommes de la garde écossaise du roi.

6. ANNE MAUROY, mariée par contrat du 8 juin 1579 à Denis le Bey, seigneur de Batilly.

7. SIMONNE MAUROY, mariée par contrat du 18 décembre 1585 à François Le Febvre, écuyer, seigneur de la Chaise, conseiller au bailliage et siège présidial de Troyes, avocat du roi audit bailliage, enfin prévôt de Troyes.

Huitième degré. — FRANÇOIS DE MAUROY, écuyer, seigneur de Colaverdey-Charmont (dont le château joue un rôle dans les guerres du temps), Montsuzain et autres lieux, baptisé le 6 juin 1563. Il est quelquefois appelé M. de Colaverdey, qualifié secrétaire des ducs d'Orléans et d'Anjou, et secrétaire de la chambre du roi en 1636. Ses provisions de secrétaire de Monsieur, frère du roi, sont datées du 8 juillet 1619. Par brevet du 16 juillet 1588, le cardinal de Guise l'avait retenu conmme gentilhomme servant. Il est cité parmi les plus fidèles serviteurs du roi qui contribuèrent à la reddition de la ville de Troyes en l'obéissance d'Henri IV. Suivant lettres patentes en forme d'extrait des registres de convocation du ban et arrière-ban, on voit que le 4 juin 1597, il s'offrit pour faire service personnel au roi, et que le 5 août suivant il fut nommé receveur dudit ban et arrière-ban. Par lettres royaux des 18 février 1622 et 20 mai 1639 il est dispensé du service du ban et arrière-ban dont il avait été nommé encore une fois receveur en 1639. Une sentence de l'élection de Troyes du 20 juin 1634, l'exempte de la taille en qualité de noble. En 1606 il rend foi et hommage comme propriétaire des droits royaux et de la mairie royale de Colaverdey. Le lieutenant de justice de la seigneurie de Colaverdey rend à cette époque une sentence entre le chapitre de la cathédrale de Troyes et les habitants de Colaverdey et il scelle d'un sceau aux armes de son seigneur. Le 3 juillet 1641, François de Mauroy, escuyer, obtient de l'Intendant de Champagne et autres commissaires nommés pour la recherche de la noblesse une ordonnance qui le maintient noble. Il avait épousé par contrat du 12 janvier 1586 Marguerite le Marguenat, fille de Nicolas le Marguenat, écuyer, seigneur de Lignol et Guichaumont et d'Antoinette de Hault. Elle testa le 18 juin 1648. Ils n'eurent qu'une fille.

1. Antoinette de MAUROY, dame de Charmont, mariée à Louis Hennequin, écuyer, secrétaire du roi, intendant de la maison du prince de Conti et conseiller d'État, lequel est cité comme accompagnant le roi aux combats d'Arques et d'Ivry. Par testament du 17 mai 1646, François de Mauroy laisse sa terre et seigneurie de Colaverdey à son petit-fils Benigne Hennequin, qui devint maréchal de camp. Charmont était un petit fief de Colaverdey, qui finit par donner son nom au fief principal.

Je rassemble ici les noms de quelques Mauroy qui rentreraient probablement dans la généalogie de la famille si les documents sur leur filiation nous étaient parvenus :

Jacques MAUROY, avocat à Sens. Sa veuve Cédile donne aux Chartreux de Sens, en 1349, son manoir de Nogent-sur-Seine. Pendant tout le cours des xve et xvie siècles, on cite des Mauroy avocats, procureurs, échevins, en la ville de Sens.

Vers 1440 et 1441, Guillaume MAUROY vit à Troyes, ainsi que Herbin et Guillemin MAUROY, cités par les preuves de la généalogie Molé, au Caumartin.

Pierre MAUROY, religieux à Clairvaux, dresse le catalogue de la bibliothèque de cette abbaye au commencement du xvie siècle.

En 1576 on cite des Hennequin, Luillier, de Pleurre, dans la maison du duc d'Alençon, et encore Pierre MAUROY, maréchal des logis de la maison de ce prince, et Gabriel MAUROY, son secrétaire.

Françoise MAUROY, mariée à Guillaume le Bey est marraine à Troyes avec le fameux chanoine Nicolas Camusat, en 1596.

DEUXIÈME BRANCHE

Sixième degré. — JACQUES DE MAUROY, écuyer, fils de Pierre et de Catherine Drouot, fut seigneur de Plyvot et Buchères, échevin de Troyes en 1560 et conseiller de ville. Il fit faire avec ses frères l'enquête des 20 décembre 1555 et 21 avril 1556 par-devant les élus de Troyes. Les témoins y déposent que les Mauroy sont nobles depuis un temps immémorial et affirment leur généalogie et leurs armes qui se voyaient alors sur les monuments publics de Troyes. Par contrat du 22 mars 1532, il épousa Barbe Molé, fille de Claude Molé, écuyer, seigneur de Villy-le-Maréchal, et de Barbe Hennequin. Il épousa en secondes noces, par contrat du 7 février 1551, Nicole Le Tartrier, fille de Jacques Le Tartrier et de Jeanne Maillet. Elle mourut en 1588 et lui le 9 mars 1561. Il fut inhumé en l'église des Cordeliers de Troyes, dans la chapelle qu'il avait fait construire sous l'invocation du saint nom de Jésus; on y voyait avant la Révolution ses armoiries et son épitaphe qui rappelait son père Pierre de Mauroy, ainsi que celles de sa première femme. Le partage de ses biens fut fait entre ses héritiers le 11 décembre 1562. Il eut du premier lit :

1. MARIE DE MAUROY, mariée par contrat du 8 mai 1556 à Louis de Rochereau, écuyer, seigneur de Hauteville, conseiller du roi, intendant général des finances en Champagne, trésorier d'Antoinette de Bourbon, duchesse de Guise. En juin 1672, leur arrière-petit-fils, Claude des Réaulx, faisant ses preuves pour l'ordre de Malte, eut à prouver la noblesse des Mauroy.

2. EDMÉE DE MAUROY, mariée à Odard de Villemort, seigneur du Mont, avocat à Troyes, puis en secondes noces à Pierre Clerget, écuyer, seigneur du Bochet, de Buchères, Verrières, Courgerennes, Villetard et Saint-Martin, homme d'armes de la compagnie de M. de Dinteville. Il est souvent cité parmi ceux qui défendirent la cause d'Henri IV; la famille de Noël, qui en descend, conserve une lettre que ce roi lui adressa sur ses bons et loyaux services. Edmée fut inhumée avec son second mari en l'église de Verrières, où l'on voyait leurs armoiries au grand portail et où se voient encore leurs épitaphes. — Elle mourut le 3 septembre 1597 et lui le 25 décembre 1614.

Jacques de Mauroy eut du second lit :

3. Jacques de MAUROY, écuyer, seigneur de Plyvot, mort en 1587 des blessures qu'il reçut à la bataille de Coutras. Il épousa Jeannette Dorigny, fille de Jacques Dorigny, seigneur de Fontenay, et de Marie Dorey. Il en eut :

  a. Jacques de MAUROY, avocat au parlement vers 1609, qualifié aussi religieux chartreux.

  b. Marie de MAUROY, mariée à Pierre Poterat, écuyer, seigneur de Viélaines et Batilly, élu en l'élection de Troyes.

  c. Edmée de MAUROY, religieuse.

  d. Odard MAUROY, marié à Marie Léguisé, dont il eut :

   (1) Anne MAUROY.

   (2) Marie MAUROY.

  e. Anne de MAUROY.

  f. Agnès de MAUROY.

  g. Plusieurs anciennes généalogies manuscrites dont l'une est au cabinet des titres et l'autre en ma possession, font figurer parmi les enfants de Jacques de Mauroy et de Jeannette Dorigny un Antoine de MAUROY, surnommé de Plyvot par la généalogie du cabinet des titres, et qualifié chevalier de Malte. Vertot cite en effet, outre Anthoine Mauroy, chevalier de Rhodes en 1484, plus haut nommé, un Antoine de Mauroy, chevalier de Malte en 1543, portant : d'azur au chevron d'or accompagné de trois couronnes royales du même, chevalier du prieuré de Champagne.

4. Honoré, qui continue la descendance.

5. Anne MAUROY, mariée par contrat du 8 juin 1579 à Pierre Vesson, greffier des finances à Châlons. Elle reçoit en dot 1,600 écus soleil. Elle épousa en secondes noces, par contrat du 15 février 1593, Pierre Regnauld, prévôt de Troyes. Étant veuve, elle obtint des lettres patentes de relief de noblesse, du 3 avril 1621, attendu que ses deux maris étaient roturiers et qu'elle-même était noble. Le 12 avril 1622, elle obtint une sentence de l'élection de Troyes contre le fermier du huitième des vins qui la décharge, comme noble, des droits que celui-ci lui réclamait.

Septième degré. — Honoré de MAUROY, écuyer, seigneur de Verrières et Saint-Martin, qu'il acheta 800 écus d'or, de Batilly, de la Madeleine, de

3

Bailly, de Marivas en Champagne, de Fosseuil, Amiel et Boulchard, en la châtellenie d'Épernon, etc., né à Troyes le 31 mars 1557, émancipé le 30 avril 1577 par lettres obtenues en chancellerie du palais, entérinées au bailliage de Troyes le 16 mai suivant. Il fut secrétaire ordinaire de Monsieur, frère du roi Henri III, en 1582, secrétaire ordinaire du roi Henri IV, office dont il lui fit don par lettres patentes du 10 septembre 1590, il assista en cette qualité au siège de Chartres en 1591 ; secrétaire du roi, maison, couronne de France et de ses finances la même année, intendant général de M. de la Valette dont il écrivit la vie, puis après sa mort intendant général du duc d'Épernon et de son armée, trésorier général de France aux pays de Provence, Piémont, Lyonnais et Dauphiné en 1593, commissaire général des guerres en 1612, conseiller du roi en son conseil d'État privé par lettres patentes du 22 janvier 1615 ; le 7 mars de la même année il prête serment en cette qualité entre les mains du chancelier de France. En 1595, il avait obtenu en Provence des commissaires des francs-fiefs une sentence qui le décharge de tous droits en sa qualité de noble. Le 1er septembre 1597, il obtient du bailliage de Troyes une sentence qui lui donne mainlevée de la saisie féodale opérée sur son fief de Batilly. Le 16 octobre 1618, il fait des fondations et donations à l'hôpital de la Trinité-Mauroy, fondé par Jean de Mauroy, à Troyes ; le 4 novembre 1624, il en fait d'autres aux Cordeliers de Troyes, puis à l'église Saint-Honoré, de Paris, etc. Il mourut le 1er mai 1629 et fut inhumé avec sa femme en l'église Saint-Honoré, à Paris, dans un caveau fermé d'un marbre où l'on voyait autrefois leurs armoiries et épitaphes. Chérin l'appelle un personnage de beaucoup de vertus, de mérite et de talents. Par contrat du 3 septembre 1602, il épousa Bonne Le Lièvre, fille de Philippe Le Lièvre, écuyer, conseiller au Châtelet de Paris, et de Jeanne Palluau. Le duc d'Épernon figure parmi les témoins de ce mariage dont vinrent :

1. HONORÉ DE MAUROY, mort jeune.

2. BONNE DE MAUROY, mariée par contrat du 9 mai 1624 à Jean Caille, sieur du Fourny, trésorier, maître d'hôtel et intendant de la reine d'Angleterre sœur du roi, secrétaire du duc d'Épernon, conseiller et secrétaire du roi, auditeur de la chambre des comptes. Ils sont père et mère de M. du Fourny, le continuateur du père Anselme.

3. MARGUERITE DE MAUROY, religieuse à Port-Royal en 1630.

4. JEAN-LOUIS DE MAUROY, écuyer, tenu au baptême par le duc d'Épernon et Mme de Candalle, sa belle-fille, conseiller et secrétaire du roi, intendant général du duc d'Épernon à l'âge de 21 ans, commissaire général des vivres en Bresse, avec lettres royaux de dispense d'âge ; mort jeune.

5. ANTOINE DE MAUROY, chanoine de la cathédrale de Metz et abbé de Saint-Vincent du Bourg en 1632.

6. ANNE DE MAUROY, mariée le 25 février 1631 à Charles de la Barre, conseiller, trésorier et maître d'hôtel de la maison du roi.

7. NICOLAS DE MAUROY, écuyer, capitaine de chevaux-légers, tué le 4 août 1639 devant Thionville à l'âge de vingt-cinq ans.

8. MARIE DE MAUROY, religieuse au prieuré de Saint-Nicolas de Compiègne.

9. HONORÉ DE MAUROY, qui ne vécut que quelques jours.

10. DENYS, qui continue la descendance.

Huitième degré. — DENYS DE MAUROY, écuyer, seigneur de la Madeleine, Batilly, Saint-Martin et autres lieux. Il fut tenu au baptême par Denys Simon de Marquemont, archevêque de Lyon, et fut conseiller du roi et auditeur en sa chambre des comptes. En 1634, il est cité avec son frère Antoine comme possédant la moitié du tabellionnage de Troyes. Il épousa, en 1649, Françoise Heurlot, fille d'Étienne Heurlot, échevin de Paris, et de Marguerite de la Marque. Il mourut le 7 juillet 1688 et elle le 17 novembre 1675. Leurs enfants furent :

1. JEAN DE MAUROY, mort jeune.

2. DENYS-SIMON, qui continue la descendance.

3. FRANÇOISE DE MAUROY, morte jeune.

4. JEAN-ANTOINE DE MAUROY, mort jeune.

5. JACQUES-FRANÇOIS DE MAUROY, mort jeune.

6. ANNE-FRANÇOIS DE MAUROY, écuyer, seigneur de Saint-Frémin, lieutenant au régiment de Courtebonne, tué dans une affaire d'avant-poste commandée par son frère aîné.

7. ANTOINE DE MAUROY, capitaine au régiment de Navarre, tué à la guerre étant encore en minorité.

Neuvième degré. — DENYS-SIMON DE MAUROY, chevalier, appelé haut et puissant seigneur ainsi que ses descendants dans les actes qui les concernent, né à Paris le 26 mai 1652, cornette de cavalerie en 1673 au régiment de Calvo, capitaine au régiment d'Ollier, major dudit régiment en 1678, capitaine et major au régiment de Condé en 1681, lieutenant-colonel au régiment de Courtebonne en 1688, mestre de camp et propriétaire du régiment de cavalerie de Mauroy, qui se distingua entre autres au combat de Carpi, colonel du régiment d'Humières, maréchal-général des logis de la cavalerie de l'armée de Flandres, gouverneur des château et ville de Tarascon en 1690, maréchal-général des logis de l'armée d'Italie, maréchal de camp en 1704, inspecteur général de la cavalerie et des dragons, maréchal-général des logis des camps et armées du roi en 1708, enfin lieutenant-général des armées du roi en 1718, chevalier de Saint-Louis depuis 1694. Il ne quitta pour ainsi dire pas les champs de bataille et prit part à toutes les guerres de son temps, en Hollande, Flandres, Italie et Espagne. Il se fit remarquer en plusieurs combats et fut blessé à la Marsaille et ailleurs. Catinat et autres font son éloge dans leurs lettres aux ministres. Le 5 août 1729, le roi lui accorde un brevet de pension de 5,000 livres, à prendre sur la charge de maréchal des logis des camps et armées dont il était pourvu. Le 21 janvier 1700, il fut maintenu dans sa noblesse par arrêt du conseil rendu après jugement en sa faveur des commissaires députés par le roi pour la recherche des faux nobles. Par contrat du 20 mars 1694, il épousa Anne Le Maire, fille d'Étienne Le Maire, écuyer, avocat au parlement de Metz, anobli par le duc de Lorraine. Elle mourut en 1715 et lui en 1742, laissant :

1. FRANÇOIS-DENYS, qui suit.

2. MARGUERITE DE MAUROY, religieuse.

3. ANNE-LOUISE DE MAUROY, non mariée.

Dixième degré. — FRANÇOIS-DENYS, comte DE MAUROY, chevalier, seigneur de Pugny en Bas-Poitou (dont il habitait souvent le château), le Breuil-Bernard, Dhuison, Pussay, Longueville, Bréville et Garancière, de Nogay et de Saint-Étienne-sous-Barbuise, etc.; né le 9 octobre 1698, cornette de cavalerie au régiment de Marteville en 1714, lieutenant-réformé au royal-étranger, capitaine au régiment Dauphin en 1718, mestre de camp de cavalerie en 1719, gouverneur de Tarascon en 1720, brigadier des armées du roi en 1734, maréchal de camp en 1743, commandant la place de Thionville, lieutenant-général des armées du roi en 1748, chevalier de Saint-Louis depuis 1725. Voir, pour ses longues campagnes aux frontières d'Espagne, en Italie, à l'armée de la Meuse, aux frontières de Bohême, à l'armée du Rhin, au siège de Fribourg, à la conquête de Nice, Vintimille, etc., la *Chronologie militaire historique,* par Pinard. Le 27 janvier 1762, il obtient arrêt du conseil contre les marguilliers de l'église Saint-Jean de Troyes, qui voulaient faire une sacristie de la chapelle fondée en 1566 par Pierre de Mauroy. En 1737, il épousa Geneviève-Françoise de Pleurre, fille de haut et puissant seigneur messire Jean-Nicolas de Pleurre, chevalier, seigneur de Romilly, La Ferté, Saint-Laurent, La Troche et autres lieux, conseiller au parlement de Paris, et de haute et puissante dame Marguerite-Françoise de la Porte. En 1745, il épousa en secondes noces Geneviève-Françoise Lamoureulx de la Javeillière, fille de haut et puissant seigneur messire Joseph Lamoureulx, chevalier, seigneur de la Javeillière en Bretagne, Tartigny, La Roulière, etc., maréchal de camp, gouverneur de Philibourg, commandeur de Saint-Louis, et de haute et puissante dame Marguerite Trudaine. Il eut du premier lit :

1. DENIS-JEAN, qui suit :

2. Une fille morte jeune, sa mère étant morte en couches d'elle.

Du deuxième lit :

3. ANNE-JOSEPH, vicomte DE MAUROY, chevalier, seigneur de Dhuison, du grand et petit Presle, Cerny, Guigneville et autres lieux, chef d'escadrons au régiment du roi-cavalerie, puis lieutenant-colonel du régiment colonel-général-cavalerie et chevalier de Saint-Louis. Il est encore qualifié lieutenant-colonel de cavalerie sous la Restauration. Il épousa Reyne de Peytiers, puis Sophie de Tholozan, et mourut sans enfants.

4. ANNE DE MAUROY, non mariée.

Onzième degré. — DENIS-JEAN, marquis DE MAUROY, chevalier, seigneur de Pugny, Châteauneuf, Nogay et autres lieux, né le 31 octobre 1737, était capitaine des dragons de la reine étant encore en minorité, fut ensuite guidon et officier de la gendarmerie de la garde du roi, sous-lieutenant puis lieutenant avec rang de mestre de camp de cavalerie des chevaux-légers du duc de Berry et du comte d'Artois. Il fut ensuite lieutenant-colonel des grenadiers de Bourgogne, colonel du régiment d'infanterie de Médoc, colonel des grenadiers de France et brigadier d'infanterie en 1770, maréchal de camp en 1780, chevalier de Saint-Louis, gouverneur de Tarascon après son père. Il émigra en 1793 et servit à l'armée de Condé où on le trouve premier colonel des grenadiers de Bourbon, avec trois autres généraux, dix-huit compagnies nobles et plus de cent officiers à la suite sous ses ordres. Lors de l'enlèvement du duc d'Enghien on le signale à Ettenheim. Il fut fait commandeur de Saint-Louis pendant l'émigration. La Restauration le fit lieutenant général des armées du roi et grand-croix de Saint-Louis. Il mourut à Paris le 7 janvier 1818. Il avait épousé, en 1769, par contrat signé du roi et de la famille royale, Catherine Grassin, fille de haut et puissant seigneur Simon-Claude Grassin, chevalier, vicomte de Sens, maréchal de camp, et de haute et puissante dame Christine-Bénédicte de Peytiers, née baronne de l'Empire. Ils ne laissèrent qu'une fille.

1. Denise-Jeanne-Catherine de MAUROY, mariée à Dubnö (Russie) pendant l'émigration, à Jean-Baptiste, baron de la Rochefoucauld-Bayers, lieutenant-général des armées du roi, pair de France, grand-croix de Saint-Louis, chevalier-commandeur de l'ordre du Saint-Esprit, commandeur des ordres de Saint-Jean-de-Jérusalem et de Saint-Lazare, etc., directeur général du dépôt de la guerre, inspecteur général de cavalerie, gouverneur de la 12ᵉ division militaire, qui avait servi pendant l'émigration comme chef d'état-major général à l'armée de Condé, et mourut à Paris en 1834.

TROISIÈME BRANCHE

Quatrième degré. — JACQUINOT MAUROY ou JACQUES MAUROY le Jeune, fils de Nicolas Mauroy et d'Agnès Perricard, déclaré noble avec ses frères en 1447. Il fut échevin et conseiller de ville de Troyes, receveur des deniers communs, voyeur de la ville de Troyes, voyeur pour le roi à Troyes et garde de la monnaie de Troyes vers 1450 et 1466. Il mourut avant 1474. Il est cité comme ayant donné à Sainte-Madeleine, de Troyes, un tableau représentant Saint-Jacques, lequel fut placé au-dessus du maître-autel. Il épousa Gilette Maillet, dont il ne paraît pas avoir eu d'enfants, puis, en secondes noces, Guillemette Hennequin, fille de Jean Hennequin, écuyer, seigneur de Lantages et de Gillette de la Garmoise, tante de l'évêque de Troyes, Odard Hennequin, aumônier de François Ier, et sœur de Jeanne Hennequin, femme de son frère aîné Nicolas Mauroy. Il eut d'elle :

1. LOUIS MAUROY, marié à Jeanne Berthier, dont :

    a. JACQUES MAUROY, sergent royal à Troyes. En 1524, après le grand incendie de Troyes, l'église Saint-Pantaléon est reconstruite en partie sur des terrains cédés par un Jacques Mauroy. C'est probablement lui qui est échevin de Troyes en 1542; marié à Guillemette Regnauld, il en eut : JEAN MAUROY, tige d'un rameau fixé en Bourgogne qui suivra.

    b. GEORGETTE MAUROY, mariée à Claude Campan, procureur fiscal à Villemaur, puis à André de Buat, sieur de Marsangy.

2. NICOLAS ou COLINET MAUROY, marié à Jeannette Perricard, sa cousine. C'est probablement ce Nicolas Mauroy qui est cité comme échevin de Troyes en 1537. Je ne sais quel est le Nicolas Mauroy dont il est parlé dans l'épitaphe suivante, datée de 1534 :

> Ci-dessoubs gisent inhumés
>
> Les corps de deux parfaits amys
>
> Qui en leur temps se sont aymés
>
> Autant que Mylès et Amys.

Pierre de Loevitz premier mis
Y fut, puis Nicolas Mauroy
Pour ces deux amis ci-soubmis
Priez Jésus le puissant Roy
Paix ou rien
Trois sont ung.

De Nicolas Mauroy et de Jehannette Perricard, vinrent :

a. GUILLAUME MAUROY, marié à Jeanne ou Jeannette le Maistre, dont il eut :

(1) NICOLAS MAUROY, licencié ès lois, mort à 22 ans.

(2) JEAN MAUROY, écuyer, seigneur de Montelas (?) marié par contrat du 24 mai 1538 à Marguerite de Cléry (?). Ils sont dits demeurants près de Saint-Florentin. C'est probablement d'eux que descend un CHARLES DE MAUROY, écuyer, seigneur de Montelas, marié en 1601 à Claude Lévesque, fille de Jean Lévesque, écuyer, seigneur de Vougrey, et un NICOLAS DE MAUROY, écuyer, seigneur de la Roche, marié à Esther de Jannard, et vivant aux environs de Sens en 1631.

(3) FRANÇOIS MAUROY, marié à Edmonne Mautrippe.

(4) CATHERINE MAUROY, mariée à Jean Robin.

(5) JACQUES MAUROY.

(6) GUILLAUME MAUROY.

(7) ANTOINETTE MAUROY.

(8) SIMONNE MAUROY. On ignore la destinée de ces derniers enfants.

b. JEANNETTE MAUROY, mariée à Jean Vigneron.

c. CLAUDE MAUROY, mariée à Nicolas Huez.

3. FRANÇOIS MAUROY, maître de l'hôpital de Tonnerre, chanoine de la Sainte-Chapelle de Dijon, où il est inhumé et où il a fondé des anniversaires.

4. MARGUERITE MAUROY, mariée à Jean Denys, conseiller de ville à Troyes, puis à Perrinet Dorigny.

5. YSABEAU MAUROY, mariée à Jean de Chatonru. Lorsque Louis XI voulut repeupler Arras détruite, il donna l'ordre aux bonnes villes d'élire chacune trois bons bourgeois pour y envoyer. Troyes nomma entre autres Jean de Chatonru « homme de belle corpulence ».

6. GUILLEMETTE MAUROY, mariée à Jean le Boucherat. Au XVIe siècle la famille Troyenne des Morize faisait des preuves de noblesse remontant à ces deux époux.

7. HENRIETTE MAUROY, mariée à Simon Liboron, écuyer, seigneur de Viaspres, licencié ès lois, conseiller en cour laye, procureur du roi à Troyes, lieutenant du bailli de Troyes, bailli de l'évêché de Troyes, maire de Troyes en 1504, député de Troyes aux états généraux de 1506. Ces deux époux furent inhumés à Sainte-Madeleine devant la chapelle Saint-Louis qu'ils avaient ornée d'une belle verrière où l'on voit encore leurs armes et leurs portraits agenouillés ainsi que ceux de leurs enfants.

8. AGNÈS MAUROY, mariée à Jean Faultrey.

9. JEANNETTE MAUROY, mariée à Maurice Guenichon, écuyer, prévôt de Bar-sur-Aube.

10. JEAN, qui continue la descendance.

La postérité des deux fils aînés de Jacquinot Mauroy paraît ici bien incomplète. Je crois qu'il faut y rattacher les personnages suivants, dont je n'ai d'ailleurs que les noms : En 1515 un Simon Mauroy sculpte les écussons du jubé de Sainte-Madeleine. En 1517 un Jean Mauroy, de Troyes, prend part à la construction de plusieurs églises. En 1578, Robert Mauroy vit à Troyes et a pour fille Savine Mauroy. En 1582, vit à Troyes Jacques Mauroy, marié à Jacquette Passerat. — Est-ce encore à ces rameaux perdus qu'il faut rattacher Pierre Mauroy, sergent royal à Aix-en-Othe, père de Jacques Mauroy, notaire royal et lieutenant au bailliage d'Aix-en-Othe en 1644, ledit Jacques père de Jean Mauroy, notaire et procureur fiscal, lieutenant au bailliage d'Aix-en-Othe, marié en 1658 à Madeleine de Lestain? Ces derniers Mauroy très proches parents de René Mauroy, procureur à Troyes vers 1675, marié à Judith de Mallerois, père de Claude Mauroy, huissier et sergent royal à Troyes vers 1700, proche parent aussi d'un Étienne Mauroy, peintre distingué, marié à Anne Legrin et par elle beau-frère du peintre Ninet de Lestain. En 1592 naît à Troyes Jacques Mauroy, fils de Jacques Mauroy le Jeune et d'Anne Bertrand, parrain Jacques Mauroy l'aîné, marraine, Anne, fille de noble homme Jacques le Tartrier. En 1630 Catherine Mauroy est mariée à Jacques Gombault, à Troyes. En 1625 une Mauroy est mariée à Antoine Nivelle, à Troyes, etc.

Cinquième degré. — Jehan MAUROY, écuyer, échevin de Troyes en 1493. En 1508 je le trouve cité comme bastonnier de la confrérie de Notre-Dame de la conception sur la paroisse Saint-Jean. En 1509, il figure parmi les rédacteurs de la Coutume de Troyes. Par contrat du 31 juillet 1468, passé sous le scel de la prévôté de Troyes, il épousa Jacquette le Pelletrat ou le Peltrat, fille de noble homme Guillaume le Peltrat et de Phelize Prévostat, issue d'un frère anobli de l'évêque de Troyes Pierre de Villiers, confesseur de Charles V. Le 29 janvier 1499 il fait un acte de tutelle pour les enfants mineurs qu'il avait eus d'elle. Ils eurent :

1. Jean MAUROY, marié à Catherine Ludot, dont il eut :

    a. Françoise MAUROY, mariée à Guillaume Gauvain.

2. Guillemette MAUROY, mariée à Geoffroy Dollet. Leur fils Oudard Dollet ayant éprouvé des difficultés de la part des traitants, prouva sa noblesse paternelle et maternelle, et obtint contre eux, en 1541, une sentence du bailliage de Troyes, qui le décharge de tous droits.

3. Jeannette MAUROY, mariée par contrat du 8 décembre 1504 à Nicolas de Chatonru, lequel ayant éprouvé des difficultés de la part des traitants, prouva sa noblesse et celle de sa femme, après avoir obtenu, le 15 novembre 1536, des lettres royaux de relief de noblesse, et obtint contre eux une sentence du bailliage de Troyes le 10 avril 1537. J'ai vu un grand fragment de la première page d'un très grand livre d'offices religieux en parchemin, enluminé, portant les armoiries de ces deux époux avec l'inscription : Priez pour noble homme Nicolas Chatonru et noble demoiselle Jehanne Mauroy, sa femme. 1547. — Est-ce cette Jeanne Mauroy qui est citée dans l'acte suivant ? Partage fut fait noblement entre les enfants de Gilles le Dieu, sieur du Séjour, et de Jehanne Mauroy, des biens de leur mère, comme issus de femmes nobles, le 14 novembre 1568. Aurait-elle épousé en deuxièmes noces Gilles le Dieu ?

4. Sébastien, qui continue la descendance.

5. Guillaume MAUROY.

6. Claude MAUROY.

7. Jacques MAUROY.

8. Georges MAUROY. On ignore la destinée de ces enfants qui, probablement, moururent jeunes.

9. Annette MAUROY, morte à 10 ans.

Sixième degré. — Sébastien MAUROY, écuyer, seigneur de Fyè-les-Chablis, échevin de Troyes en 1526, marié à Marguerite Pinot, fille de Jehan Pinot, écuyer, seigneur de Fyè, Rameaux et Montvalon, bailli, élu du roi et garde des sceaux de la prévôté de Tonnerre, et de Guillemette Pinette. Le partage de leurs biens est du 20 juin 1562. Par acte du 6 avril 1556, ladite Marguerite Pinot, veuve de noble homme Sébastien Mauroy, achète la chapelle Saint-Sébastien en l'église Saint-Jean, de Troyes, sur la renonciation faite, par Michel Mauroy, cousin issu de germain de son défunt mari. Elle fit orner et décorer cette chapelle, qui est encore reconnaissable à sa verrière, et où l'on croit reconnaître les portraits de quatre membres de la famille de Mauroy, entre autres celui de Marguerite Pinot agenouillée. Ses armoiries, accolées à celles de son mari, sont reportées à une autre verrière de la même église. Devant cette chapelle, sous un marbre, est l'ancien caveau de ces époux et de leur descendance, les armoiries et épitaphes s'y lisaient encore au commencement de ce siècle. Sébastien Mauroy et Marguerite Pinot eurent pour enfants :

1. Henry MAUROY, licencié en théologie en 1549, docteur en théologie en 1550, religieux cordelier, gardien du couvent des Cordeliers de Reims, de Beauvais, puis de Châlons, et custode de la custodie de Champagne. Il mourut le 19 novembre 1570 et fut inhumé avec son frère Claude au couvent des Cordeliers de Troyes. Voir son article dans Moréri, pour ses œuvres de polémique contre l'archevêque de Tolède et autres. Il fut aussi prédicateur distingué.

2. Claude MAUROY, docteur en théologie en 1556, gardien des Cordeliers de Troyes en 1570, mort en 1572.

3. Jean, qui continue la descendance.

4. Hugues MAUROY, écuyer, dit le capitaine et le grand Hugues, échevin de Troyes en 1556 et 1558. En 1585, il est cité comme caution de Léonard de Pontaillier, chevalier de Malte, commandeur de Liège. Il y a des lettres royaux du 31 janvier 1592 par lesquelles le roi voulant le gratifier des pertes qu'il a subies par les ennemis rebelles, lui fait don de 2080 écus d'or qu'il doit à François Lefebvre. Il épousa en premières noces, par contrat du 6 janvier 1541, Jeanne le Mairat, fille de Guyon le Mairat, écuyer, et de Nicole Vestier. Elle a 1700 livres de dot, une robe d'escarlate rouge doublée de damas à foucquets de velours, etc. Son père doit recevoir chez lui les époux et les nourrir ainsi que les enfants à venir, nourrices et chambrières. Hugues reçoit 1200 livres de dot, il est équipé et habillé convenablement à son état. Les époux seront communs en biens, nonobstant leur noblesse. Hugues compte employer 400 livres à acheter à sa femme de *belles choses*. Il prit en secondes noces Ysabeau Clérembault, laquelle, par son testament du 8 novembre 1586, fait don à l'église Saint-Nicolas, de Troyes, d'une verrière où elle veut être représentée avec ses armoiries et six enfants derrière elle. On ne connaît à Hugues Mauroy que des enfants de son premier lit, qui sont :

a. Sébastien MAUROY, écuyer, échevin de Troyes en 1589, commissaire des guerres, lieutenant des arquebusiers de Troyes, dit le capitaine Mauroy. Il est cité comme un des chefs de la Ligue, à Troyes, où il combattit plusieurs fois pour elle ; avec son beau-frère Hennequin, il réussit à introduire par surprise le cardinal de Guise en cette ville en 1588 et à y faire ainsi triompher momentanément la Ligue. En juin 1588 il reçoit de la ville de Troyes pouvoir d'aller avec un autre personnage, traiter avec le prévôt et les échevins de Paris, en ce qui touche l'honneur de Dieu, de la religion catholique, l'État, le service du roi et le soulagement du peuple. Le 23 juin 1594, arrêt du conseil annulant les provisions de receveur général et provincial des gabelles en la généralité de Champagne, accordées par le duc de Mayenne à Sébastien Mauroy, et maintenant l'ancien titulaire de cette charge. Il avait épousé Marguerite de Hault, fille de Nicolas de Hault, seigneur de Courcelles et Lignol, trésorier du cardinal de Guise, maire de Troyes sous la Ligue, et de Colombe Perret. Il en eut :

> (1). Sébastien MAUROY.
>
> (2). Anne MAUROY. Lesquels se trouvant orphelins suivirent à Chaumont M. Perret, lieutenant-général du Bassigny, leur oncle.

b. Nicole MAUROY, mariée à Jean d'Aultruy, maire de Troyes en 1592, anobli par le roi Henri IV le 9 septembre 1594, après la réduction de Troyes en son obéissance. Leurs armoiries qui étaient autrefois au-dessus de la porte de leur hôtel existent encore dans une collection particulière.

c. Marguerite MAUROY, mariée à François le Mercier, seigneur de Saint-Parres.

5. Jacques MAUROY, religieux à Saint-Loup, et maître de l'hôpital du Saint-Esprit, à Troyes.

6. Christophe MAUROY, écuyer, seigneur de Beaulieu, échevin de Troyes en 1572, marié par contrat du 15 mars 1549 à Marguerite Bazin, sœur de Marie, épouse de son frère Jean et fille de Guillaume Bazin, écuyer, procureur du roi en la prévôté de Méry, et de Jeanne Bizet, sœur de Tristan de Bizet, évêque de Saintes. Il en eut :

a. Marguerite MAUROY, mariée à Jean le Clerc, prévôt de Méry.

  b. Louise MAUROY, mariée à Jacques Faultrey, grènetier à Bar-sur-Aube, puis en secondes noces à Pierre Poulet, lieutenant général à Sézanne, et ensuite lieutenant criminel à Provins.

  c. Françoise MAUROY, mariée à Remy Collinet.

7. Nicolas MAUROY, dont la branche suivra.

8. Marguerite MAUROY, mariée à Pierre Boucher, écuyer, seigneur de Roffey, frère d'Étienne Boucher, évêque de Cornouailles.

9. Catherine MAUROY, mariée à Antoine Allen. Leur fils, Antoine Allen, conseiller au bailliage de Troyes, fut l'exécuteur testamentaire de Pithou.

10. Pantaléon MAUROY, mort sans hoirs.

Septième degré. — Jean MAUROY, écuyer, seigneur de Charley et du Mesnil-les-Granges, échevin de Troyes en 1544, conseiller de ville, juge-consul en 1566. Par contrat du 13 février 1537, il épousa Marie Bazin, fille de Guillaume Bazin, écuyer, procureur du roi en la prévôté de Méry, et de Jeanne Bizet, sœur de Tristan de Bizet, évêque de Saintes. Ce contrat énonce qu'ils seront communs en biens, nonobstant leur noblesse. Il n'y eut pas d'enfants de ce mariage. Il épousa en secondes noces, par contrat du 10 août 1547, Magdeleine Festuot, fille de Guyon Festuot et de Magdeleine Perrecin. Par acte du 15 juillet 1581, noble homme Claude Festuot, écuyer, seigneur de la Motte et Ravières, fait don à Magdeleine Festuot, sa nièce, femme de noble homme Jean Mauroy, de sa terre et seigneurie de Ravières. En 1581 ledit Jean est cité avec son frère Hugues comme acheteur des bois de Praslain. En avril 1582 il obtient lettres royaux qui le relèvent de dérogeance et le déclarent noble et issu de noble lignée. Le 17 juillet 1582 il obtient sentence du bailliage de Sézanne, qui ordonne mainlevée de la saisie féodale faite sur son fief du Mesnil-les-Granges, et le reconnaît noble. Il mourut quelques mois après. L'inventaire après décès de ses biens fut fait par Magdeleine Festuot, comme tutrice et ayant la garde noble de ses enfants en 1587. Leurs enfants furent :

1. Hugues MAUROY, dont le rameau suivra.

2. Nicolas MAUROY, seigneur de Charley, marié en premières noces à Perrette Camusat, puis en secondes noces, par contrat du 13 février 1588, à Marie-Anne d'Auxerre. On lui connaît comme enfants du premier lit :

  a. Jacques MAUROY. Je ne sais où placer le Jacques Mauroy qui, étant marié à Claudine Girardin et vivant à Troyes, en eut : Marie, Claudée, Nicolas, Edmée, Jacques, Louis, Barbe et Marguerite Mauroy, nés à Troyes de 1645 à 1655 environ.

b. MARIE MAUROY.

c. MARGUERITE MAUROY, mariée à Marc-Antoine Féloix, greffier à Méry.

d. CATHERINE MAUROY, mariée à François Sennequin.

e. NICOLAS MAUROY. Vers 1600 un Nicolas Mauroy épouse à Troyes Marie Poterat. En 1614 un Nicolas Mauroy est receveur de l'Hôtel-Dieu Saint-Esprit, de Troyes. Est-ce celui-ci ?

3. JACQUES MAUROY, seigneur du Mesnil-les-Granges, marié à Anne Lépinette, dont il n'eut pas d'enfants.

4. FRANÇOIS, qui continue la descendance.

5. MARGUERITE MAUROY, mariée à Jean Corrard, de Méry, puis à Nicolas du Pont, commissaire au Châtelet de Paris.

6. CATHERINE MAUROY, mariée à Guillaume Hennequin, écuyer, garde de la monnaie de Troyes.

7. ODETTE MAUROY.

8. ANNE MAUROY. On n'a que le nom de ces deux dernières.

Huitième degré. — FRANÇOIS MAUROY, né en 1560, échevin de Troyes en 1631. Par contrat du 14 mai 1591, il épousa Anne Ludot, fille de noble homme Pierre Ludot, écuyer, et d'Anne de Corberon, issue des hoirs Musnier, de même que les Mauroy et la plupart des familles citées en la présente généalogie. Elle eut en dot 333 écus et un tiers. Il mourut vers 1644. Ils eurent pour enfants :

1. JACQUES MAUROY, né en 1592, qu'on dit suivant les armes et tué aux armées.

2. OUDARD MAUROY, né en 1596, suivant les armes, tué en Allemagne.

3. MADELEINE MAUROY, née en 1597.

4. NICOLAS, qui suit.

5. JEAN MAUROY, suivant les armes.

Neuvième degré. — NICOLAS MAUROY, né à Troyes le 31 décembre 1598, qualifié par quelques mémoires seigneur en partie de Dienville. Il fut échevin de Troyes et conseiller de ville. Par contrat du 28 janvier 1630, il épousa Marie Martin, fille de Nicolas Martin et de Marie Sénocq. Ils eurent chacun 5,000 livres de dot. Il mourut en 1652 et elle le 4 octobre 1685. Ils eurent pour enfants :

1. Jean de MAUROY, écuyer, seigneur de Villemoyenne et de Dienville en partie, mort à Troyes en 1676. En 1674 il est cité dans une levée du ban et arrière-ban à Troyes. Par contrat du 25 juillet 1653, il épousa Anne de Bridost, fille de messire Charles de Bridost, écuyer, seigneur d'Otigny, Javernant, etc., et d'une demoiselle de Villiers de l'Isle-Adam. Il se réserve dans le contrat ses armes et ses chevaux. Lors de la recherche de la noblesse sous Louis XIV par l'intendant Caumartin, il se vit taxé par défaut. Il eut pour enfants :

    a. Jeanne de MAUROY.

    b. Charles de MAUROY, qui servait dans les armées du roi en 1674.

    c. Antoine de MAUROY servait aussi dans les armées en 1674 et mourut à Troyes en 1693.

    d. Louis de MAUROY, seigneur de Villemoyenne en partie, marié par contrat du 12 juillet 1682 à Edmée Masson, mort à l'âge de 25 ans, laissant :

        (*1*). Edmée de MAUROY, née en 1683.

        (*2*). Françoise de MAUROY, née en 1685.

    e. Nicolle de MAUROY.

2. Anne de MAUROY, religieuse de Sainte-Scholastique, près Troyes.

3. Nicolas de MAUROY, marié à Anne Tripier. Sa postérité nombreuse se subdivisa en deux rameaux : de l'aîné était Benoist de Mauroy, huissier commissaire-priseur au Châtelet de Paris en 1787, puis juge de paix à Palaiseau, père de Benoist-Auguste de Mauroy, directeur de l'hôpital des Incurables à Paris, mort en 1860 sans enfants. Au rameau cadet appartenait Jean-François de Mauroy, commis-greffier assermenté au tribunal civil de Troyes, en 1823.

4. Jeanne MAUROY, mariée par contrat du 26 mars 1659 à Georges du Parc, chevalier, seigneur de Montigny, capitaine d'infanterie.

5. Catherine MAUROY, mariée à Louis Caquey, avocat au parlement, bailli de Saint-Liébault, procureur à Troyes.

6. François MAUROY, échevin de Troyes, cité comme ayant donné une verrière à l'église Saint-Pantaléon de Troyes en 1675, marié le 27 avril 1674 à Nicolle Maillet ; il en eut :

a. François de MAUROY, mort lieutenant d'infanterie à Saint-Domingue.

b. Pierre de MAUROY, page du roi en 1695, mort au service.

c. Denys de MAUROY, garde du corps du roi.

d. Et quatre filles probablement mortes jeunes ou non mariées, nommées Jeanne, Marie, Françoise et Nicole.

7. Trois filles nommées Andriane, Marie et Étiennette, probablement mortes jeunes ou non mariées.

8. Claude, qui continue la descendance.

Dixième degré. — Claude de MAUROY, baptisé le 24 mai 1653, seigneur de Villemoyenne en partie, dont il fit rebâtir le château en 1713, premier échevin de Troyes, lieutenant de maire, consul, lieutenant de la milice bourgeoise, etc., il comparaît à plusieurs levées du ban et arrière-ban, en 1689, 1690, 1691. Ayant été troublé dans la jouissance de la chapelle Saint-Sébastien, édifiée par ses ancêtres en l'église Saint-Jean, il obtint contre les marguilliers de cette église une sentence du bailliage de Troyes du 13 novembre 1691. Ses armoiries et celles de ses frères furent inscrites en 1696 à l'armorial général d'Hozier. Il est cité comme ayant fait des donations à l'hôpital de la Trinité-Mauroy. Il mourut le 15 octobre 1722 et fut inhumé avec sa femme en la chapelle Saint-Sébastien où l'on voyait au commencement de ce siècle leurs épitaphes et armoiries. L'inventaire de ses biens est du 19 novembre 1722 et leur partage du 22 mars 1723. Par contrat du 8 février 1677, il avait épousé Bonaventure de Montmeau, fille de Jean de Montmeau et de Marguerite Villefroy, avec chacun 6,000 livres de dot; elle mourut le 17 novembre 1697. A cette même famille appartenait Mᵉˡˡᵉ de Montmeau, épouse de Dubois-Crancé, conventionnel, membre du comité de salut public, ministre de la guerre. Claude de Mauroy et Bonaventure de Montmeau eurent pour enfants :

1. Louis de MAUROY, seigneur de Villemoyenne, Frizon, la Garenne, le Haut-Chêne, etc., colonel de la milice bourgeoise et lieutenant du roi à Troyes, juge-consul et deux fois maire de Troyes, en 1732 et 1735. C'est lui qui posa la première pierre de l'Hôtel-Dieu de Troyes. Il épousa, le 22 mars 1719, Élisabeth Gouault, dont il eut :

    a. Élisabeth de MAUROY, née le 19 mars 1720, mariée le 28 novembre 1740 à Toussaint-Nicolas Camusat, major de la milice.

    b. Claude-Jacques de MAUROY de VILLEMOYENNE, écuyer.

seigneur de Villemoyenne, le Haut-Chêne, etc., né le 16 août 1725, ancien échevin et juge-consul de Troyes, conseiller et secrétaire du roi, maison, couronne de France et de ses finances, par provision du 26 novembre 1766. Il épousa Marie Camusat, fille de Nicolas Camusat, seigneur de Messon, maire de Troyes et colonel de la milice. Il mourut le 28 octobre 1772 et elle en 1769, laissant :

(1). MARIE-MADELEINE DE MAUROY DE VILLEMOYENNE, mariée en 1771 à Pierre-Antoine de Bar, chevalier, seigneur du Haut-Chêne à cause d'elle, de Fannières, Courbeton, Saint-Martin-aux-Champs, Coole, Cheppe, Blacy, Glacourt, Saint-Valéry et autres lieux, trésorier de France à Châlons. On voit dans le contrat qu'elle eut pour plus de 40,000 livres de joyaux.

(2). ÉLISABETH DE MAUROY DE VILLEMOYENNE, dame dudit lieu, mariée en 1782 à haut et puissant seigneur Messire Louis de Foucauld, chevalier, marquis de Foucauld et de Lardimalie, qui fut chevalier de Malte en minorité, capitaine aux dragons de Ségur, puis aux chasseurs de Hainaut, député de la noblesse aux états généraux de 1789, où il se fit remarquer par la hardiesse de ses sentiments et la fougue de son caractère ; émigré, il servit à l'avant-garde de l'armée des princes et fut fait chevalier de Saint-Louis pendant l'émigration. Il mourut à Lardimalie le 2 mars 1805 des suites d'une imprudence causée par l'emportement ordinaire de son caractère, dans son vieux château qu'il retrouvait en ruines. Sa veuve mourut en 1824.

2. MARIE DE MAUROY, religieuse à Sainte-Scholastique, près Troyes.

3. ROSE DE MAUROY, morte à 12 ans.

4. CLAUDE DE MAUROY, trappiste, mort en odeur de sainteté, d'après lettre du R. P. abbé de la Trappe à M. de Mauroy père, le 18 octobre 1710.

5. BONAVENTURE DE MAUROY, mariée en 1713 à Nicolas Collinet, qui fut doyen des conseillers du bailliage et siège présidial de Troyes.

6. JEAN DE MAUROY, échevin et juge-consul de Troyes, marié le 21 janvier 1714 à Anne Gallien, dont il eut :

a. JEAN-FRANÇOIS DE MAUROY, licencié en théologie, chanoine à l'église papale et collégiale de Saint-Urbain de Troyes, mort en 1760.

b. Jacques de MAUROY, cornette au régiment de La Ferron-
nays, puis lieutenant de cavalerie au régiment de Crussol,
mort jeune en 1750.

c. Joseph-Denis de MAUROY, né en 1725, colonel d'artillerie,
directeur de l'école de Valence et chevalier de Saint-Louis
en 1789, maréchal de camp et général de brigade d'artillerie
en 1792, commandant l'artillerie à l'armée des Alpes, inspecteur général d'artillerie. Mort à Troyes en 1796. (Voir le
récit de sa mort dans les Annales troyennes ou Décadaires
du 30 frimaire an V.) Il avait épousé Marie-Anne Deu de
Montigny, dont il ne laissa pas d'enfant.

d. Louis de MAUROY, échevin et juge-consul de Troyes, marié
à Élisabeth Godot, dont il eut :

> (1). Louis-François de MAUROY, marié en 1778 à Marie-
> Adélaïde Berthelin, morte à Troyes en 1834, sans
> enfants.

> (2). Anne-Rosalie de MAUROY, mariée en 1775 à Joseph-
> Nicolas-Noël Godot, son cousin, d'où descendent les
> Godot de Mauroy.

> (3). Marie-Adélaide de MAUROY, mariée à M. Godot des
> Bordes, son cousin.

> (4). Victoire de MAUROY, non mariée.

7. Catherine de MAUROY, mariée en 1709 à M. Flobert, procureur
du roi en l'hôtel de ville de Troyes, plus tard l'un des cent gentil-
hommes de la maison du roi, gentilhomme à bec de corbin.

8. Denys de MAUROY de VILLEMOYENNE, lieutenant d'infanterie,
puis capitaine de cavalerie au régiment de Saint-Aignan, retiré
jeune du service, mort à Troyes le 12 juin 1746 dans de grands
sentiments de piété, mais très opposé à la bulle *unigenitus*. (Voir
dans les *Nouvelles ecclésiastiques* du 4 décembre 1746 le récit des
complications et négociations auxquelles sa mort donna lieu à
Troyes.) Il fut inhumé à Saint-Jean.

9. Joseph, qui continue la descendance.

10. Benoit de MAUROY, ancien échevin et juge-consul de Troyes,
gentilhomme de la maison du roi, marié en 1723 à Marie Imbert,
dont il eut :

a. Louis de MAUROY, mort à Lyon en 1745.

b. Jean-Baptiste de MAUROY, capitaine d'artillerie, mort à
25 ans, la veille de son mariage.

c. Marie-Edmée de MAUROY, née en 1750, mariée en 1767 à
Messire François de Loynes, chevalier, seigneur de la

Potinière, conseiller du roi et auditeur en sa chambre des comptes, morte le 10 décembre 1831 en son hôtel de la rue de Croncels.

11. Gilbert de MAUROY, échevin et consul à Troyes, marié en 1722 à Jeanne Guénebault. Il en eut plusieurs enfants morts en bas âge.

12. Louise de MAUROY, religieuse bénédictine.

Onzième degré. — Joseph de MAUROY, né à Troyes le 31 décembre 1690, échevin et juge-consul de Troyes, conseiller de ville, etc., marié par contrat du 16 novembre 1719 à Anne Camusat, fille de Jean-Baptiste Camusat, échevin, et d'Anne Bonaventure Vaulthier. Il eut 20,000 livres de dot et elle 12,000. Je remarque parmi les témoins de ce mariage Joseph-Antoine Hennequin, chevalier, baron de Chassenay, seigneur de Charmont et Fontaines, gouverneur de Châlons, ancien procureur général au grand conseil, secrétaire du cabinet, ambassadeur à Venise, secrétaire des commandements du duc de Bourgogne, cousin de l'époux. Joseph de Mauroy mourut en 1765 et Anne Camusat en 1788. Ils eurent pour enfants :

1. Claude de MAUROY, chanoine régulier de Sainte-Geneviève, prieur de Neuvy-Sautour, chanoine de la collégiale de Saint-Étienne de Troyes.

2. Louis, qui continue la descendance.

3. Anne-Madeleine de MAUROY, mariée à Eustache Moreau, consul.

4. Joseph de MAUROY, religieux mathurin à Bar-sur-Seine, puis chanoine à Troyes, mort en 1782.

5. Nicolas-Bonaventure de MAUROY, mort jeune.

6. Catherine de MAUROY, mariée à J.-J. Gaulard, échevin, juge-consul, officier de la milice, etc.

7. Anne-Mathie de MAUROY, mariée à M. des Guerrois, maire d'Arcis-sur-Aube.

Douzième degré. — Louis de MAUROY, écuyer, né le 8 janvier 1722, ancien échevin et juge-consul de Troyes, etc. Le 19 juin 1776, il obtient des provisions de conseiller et secrétaire du roi, maison, couronne de France et de ses finances, où on lit : « Accordons d'autant plus volontiers notre agrément à notre cher et bien-amé Louis de Mauroy qu'il soutient par des titres sa descendance de Phelizot Mauroy, surnommé du Mesnil, son dixième aïeul, vivant en 1330, en sorte qu'en acquérant les privilèges et prérogatives attribués à notre dit office de notre conseiller et secrétaire, maison, couronne de France et de nos finances, il ne fait que continuer la noblesse de ses ancêtres et des familles considérables auxquelles il est allié. » Le 6 août 1770, Messire Louis de Mauroy concourt, avec Élisabeth Gouault, veuve de Messire Louis de Mauroy, ancien maire, et M. Louis de Mauroy-Godot, au marché des réparations à faire à leur chapelle de Saint-Sébastien, en l'église Saint-Jean. Par contrat du 20 mai 1747, il épousa Marie-Anne Vaulthier, fille de Jean-Baptiste Vaulthier, inspecteur général des manufactures de Champagne, Brie et Soissonnois, et de demoiselle Matagrin, et petite-fille de Nicolas Vaulthier, seigneur de Dronay, sous la mairie duquel fut bâti l'hôtel de ville de Troyes. Les deux époux ont chacun 10,000 livres de dot. Louis de Mauroy mourut en 1791 et sa veuve en 1806. Leurs enfants furent :

1. MARIE-ANNE DE MAUROY, mariée à François de la Quérière, conseiller et avocat du roi en la monnaie de Rouen.
2. ANNE DE MAUROY, mariée à Nicolas-Pierre Le Muet, premier échevin et juge-consul de Troyes, lequel faillit être victime de la Révolution et ne dut son salut qu'à la chute de Robespierre.
3. EUSTACHE-LOUIS, qui continue la descendance.
4. MARIE-ÉLISABETH DE MAUROY, morte jeune.
5. GENEVIÈVE DE MAUROY, mariée à Joseph Camusat des Carets, conseiller au bailliage et siège présidial de Troyes.

Treizième degré. — EUSTACHE-LOUIS DE MAUROY, écuyer, seigneur de la Routelle, de la Pisserotte et des Ombrois, né le 29 août 1751, licencié ès lois, conseiller du roi, maître particulier des eaux et forêts du bailliage de Troyes, par provision du 29 avril 1778. Par acte du 15 mars 1789, messire Eustache-Louis de Mauroy, seigneur de plusieurs fiefs en la paroisse de Vendœuvre, est convoqué pour se trouver à l'assemblée de la noblesse du bailliage de Troyes. Il s'y trouva et vota avec son ordre la rédaction des cahiers et la nomination des députés aux états généraux. Par contrat du 21 février 1781, il épousa Marie Angenoust, fille de messire Odard-Louis Angenoust, chevalier, seigneur de Villechétif, Assencières, Mesnilsellières, le Bailly, la Roque et autres lieux, conseiller au bailliage et siège présidial de Troyes, et de Nicole Huez. Dans ce contrat, Jean-Baptiste Vaulthier, seigneur de Saint-Léger et Drônay, maître particulier honoraire en la maîtrise des eaux et forêts du bailliage de Troyes, fait don au futur époux, son neveu, de sa terre de Drônay. Parmi les témoins on y remarque le comte de Mesgrigny, grand bailli d'épée du bailliage de Troyes, cousin des deux côtés. Eustache-Louis de Mauroy mourut en 1799 et Marie Angenoust en 1804; ils eurent pour enfants :

1. Dieudonné-Louis de MAUROY, mort jeune.

2. Anne-Marie de MAUROY, née en 1783, mariée à Jacques-Armand Corps, chevalier, président du tribunal civil de Troyes et du conseil général de l'Aube, chevalier de la Légion d'honneur.

3. Nicolas, qui continue la descendance.

4. Alexandrine de MAUROY, née en 1785, mariée en 1811 à Jean-Baptiste-Jacques Camusat des Carets, son cousin germain, président honoraire du tribunal civil de Troyes, chevalier de la Légion d'honneur.

5. Pierre de MAUROY de la ROUTELLE, né en 1787, élève de l'école militaire de Fontainebleau, sous-lieutenant, puis lieutenant au 16e régiment d'infanterie, fit les campagnes de Prusse et d'Autriche en 1806, 1807 et 1809, et celles d'Espagne en 1811, 1812 et 1813, en qualité d'aide de camp du général de division baron Gudin et de capitaine. Il fut tué le 17 mars 1814 dans les champs de Belleville, près Mâcon, en soutenant la retraite de son régiment, étant alors capitaine de voltigeurs au 16e d'infanterie.

6. Célinie de MAUROY, née en 1794, mariée en 1817 à Antoine Paillot, chevalier, ancien officier de marine, qui fut douze ans prisonnier des Anglais, sous-préfet d'Arcis-sur-Aube jusqu'en 1830 et chevalier de la Légion d'honneur.

Quatorzième degré. — Nicolas de MAUROY, né le 11 mars 1784, garde d'honneur et brigadier des gendarmes d'ordonnance de l'empereur, fit en Prusse les campagnes de 1806 et de 1807, sous-lieutenant au 5e régiment de cuirassiers en 1807, fut présent à toutes les affaires jusqu'à la bataille d'Eckmulh (1809), où il eut un cheval tué sous lui et reçut une blessure qui nécessita l'amputation de la cuisse, nommé lieutenant et chevalier de la Légion d'honneur, retraité, reçut de l'empereur une dotation perpétuelle transmissible à sa descendance masculine par ordre de progéniture. Nommé receveur principal des contributions indirectes de l'arrondissement de Troyes, retraité en 1818, conseiller municipal de cette ville en 1823 et 1843. Il obtint du roi, pour suppléer à la perte de quelques titres causée par la Révolution, une ordonnance de maintenue de noblesse du 24 septembre 1824, avec lettres patentes du 12 janvier 1825, enregistrées à la cour royale de Paris le 15 septembre suivant. Le 15 avril 1837, il obtint de la même cour un arrêt qui fait défense à M. Camusat, ancien sous-préfet, chevalier de la Légion d'honneur, d'ajouter à son nom celui de

Mauroy, qui était celui d'une de ses ascendantes. Il épousa en 1812 Antoinette-Louise Le Féron, sa cousine germaine, fille de Charles-Philippe Le Féron, chevalier, ci-devant seigneur des Tournelles, ancien mousquetaire du roi, ancien sous-lieutenant des gardes du comte d'Artois, avec rang de lieutenant-colonel de cavalerie, et chevalier de Saint-Louis, et d'Angélique-Claudée Angenoust, dite Mlle d'Assencières; parmi les témoins du mariage figure le marquis de Mesgrigny, récemment rentré de l'émigration, ancien colonel d'infanterie et capitaine aux gardes françaises. Nicolas de Mauroy et Louise Le Féron eurent :

1. CHARLES-NICOLAS, qui suit.

2. GUSTAVE-LOUIS DE MAUROY, mort jeune.

3. JENNY-ANGÉLIQUE DE MAUROY, morte jeune.

4. ALBERT-ODARD DE MAUROY, né en 1820, licencié en droit, mort en 1846.

5. AGLAÉ-LOUISE DE MAUROY, morte enfant.

6. LOUISE-CAROLINE DE MAUROY, née en 1826, mariée à Claude-Édouard Forel, officier de voltigeurs, démissionnaire en se mariant, plus tard chef de bataillon de la garde nationale de Troyes.

7. ADRIEN-HENRY DE MAUROY, né à Troyes le 5 octobre 1829, propriétaire vivant à Troyes, marié à Albertine-Josèphe Vanpouille, morte à Troyes en 1879, dont il eut :

    a. ALBERT DE MAUROY, né le 16 octobre 1853, ancien secrétaire de M. Robinet de Cléry, avocat général près la cour de cassation, et avocat stagiaire à la cour d'appel de Paris, démissionnaire en 1882, marié cette même année à Troyes à Eugénie-Ernestine de Saint-Amand.

    b. ANGÈLE-CHRISTINE DE MAUROY, née le 5 octobre 1858, mariée à Troyes en 1879 à Pierre-Louis-Albert de Truchis, vicomte de Lays.

Quinzième degré. — CHARLES-NICOLAS DE MAUROY, né à Troyes le 28 octobre 1812, ancien élève des écoles militaires de La Flèche et de Saint-Cyr, d'où il démissionna en 1830, licencié en droit, receveur principal des contributions indirectes de l'arrondissement de Wassy, mort en 1875. Marié à Antoinette-Eugénie Gény du Bierre, il en eut :

1. MARIE-LOUISE DE MAUROY, née en 1847, mariée à Henri-Julien Aved de Magnac, capitaine de frégate, officier de la Légion d'honneur, officier d'Académie, etc.

2. ADRIEN-CHARLES DE MAUROY, né à Troyes le 18 octobre 1848,

officier du génie pendant la guerre de 1870-1871, ancien élève de l'école des mines, ingénieur civil des mines, membre et lauréat de plusieurs sociétés savantes. Marié à Troyes en 1876, à Marie-Caroline-Eugénie Hoppenot; il en a :

a. GENEVIÈVE - MARIE - HENRIETTE DE MAUROY, née le 2 novembre 1877.

b. MADELEINE - MARIE - LOUISE - HENRIETTE DE MAUROY, née le 13 novembre 1878.

c. CÉCILE-MARIE-BERTHE DE MAUROY, née le 1er décembre 1879.

d. JEAN - GEORGES - CHARLES DE MAUROY, né en 1880, mort en 1883.

e. CLAIRE - MARIE - ANTOINETTE - ERNESTINE DE MAUROY, née le 13 juin 1883.

f. PIERRE-MARIE-HIPPOLYTE DE MAUROY, né le 13 septembre 1884.

g. CHARLES-MARIE-PAUL DE MAUROY, né le 28 octobre 1885.

h. MARIE-EDMÉE-HENRIETTE DE MAUROY, née le 10 mars 1887.

QUATRIÈME BRANCHE

Septième degré. — Nicolas MAUROY, écuyer, fils de Sébastien Mauroy
et de Marguerite Pinot, seigneur de la Noüe, dont il fit foi et hommage
en 1588, de Mézières, etc. Il fut conseiller du roi en l'élection et conseiller
au bailliage et siège présidial de Troyes, échevin de Troyes, etc. Le
29 avril 1564 il obtient lettres royaux de relief de noblesse, à cause de la
dérogeance de son père. Le 19 juillet de la même année, il fit faire une
enquête judiciaire sur sa noblesse et sa généalogie. Le 14 août de la même
année il obtient sentence du bailliage de Troyes qui le déclare et reconnaît
noble, et le 28 octobre suivant une sentence de l'élection de Troyes contre
le fermier des aides, qui le dispense de ces impôts comme noble. Enfin, le
18 janvier 1582, l'élection de Troyes rend en sa faveur une sentence qui
le dispense, comme noble, des droits réclamés par le fermier du huitième
des vins, la cour des aides rendit un arrêt d'acquiescement à cette sentence le 26 septembre suivant, par laquelle Nicolas Mauroy est reconnu
noble, et le fermier condamné aux dépens. L'inventaire après décès de ses
biens est du 29 avril 1587 et leur partage du 26 avril 1588. Par contrat du
29 mars 1559, il épousa Françoise Jourdrin, fille de noble homme Jehan
Jourdrin, prévôt d'Ervy, et de Jeanne Payen, dont l'épitaphe et les armoiries, accolées à celle des Mauroy, se voient encore en l'église d'Ervy, et
qui mourut le 16 octobre 1577. Il prit en secondes noces Guillemette Daniel,
fille de noble homme Pierre Daniel, contrôleur de la maison du cardinal
de Guise, et de Jeanne Le Gras de Vaubercey. Il eut du premier lit :

1. Jean MAUROY, écuyer, seigneur de la Noüe, conseiller au bailliage
et siège présidial de Troyes, premier échevin de Troyes, qui figure
en cette qualité à l'entrée d'Henri IV à Troyes. Il rendit de grands
services au roi pour arriver à la réduction de cette ville en son
obéissance. Il mourut à 37 ans en 1597. Par contrat du 22 novembre
1587, il épousa Bonaventure Paillot, fille de Jean Paillot, dont il
eut :

    a. Anne MAUROY, mariée à Charles le Taillandier, procureur
du roi au grenier à sel de Nogent-sur-Seine, puis en secondes
noces, en 1660, à Jean du Pavée, seigneur du Plessis.

b. et **c.** JEAN et NICOLAS MAUROY, morts jeunes.

d. CLAUDE MAUROY, capucin.

e. FRANÇOIS DE MAUROY, écuyer, seigneur de la Mauvoisinière en l'élection d'Angers, lieutenant au grenier à sel d'Angers. Le 28 septembre 1651 il est signalé dans un acte de présentation entre les nobles d'Anjou. Le 11 septembre 1658 il obtint un arrêt de la chambre souveraine des francs-fiefs, qui le décharge de tous droits en sa qualité de noble. Cet arrêt rappelle sa généalogie et les principaux titres de noblesse de la famille. Il épousa, le 23 juin 1627, Marie Coustard, d'une famille de la noblesse échevinale d'Angers, sœur d'un chevalier de Malte, commandeur de la Commanderie d'Angers. Il prit en secondes noces Renée du Breil, fille de Pierre du Breil, chevalier, seigneur de la Mauvoisinière. Je ne sais s'ils eurent des enfants.

2. FRANÇOISE MAUROY, mariée à Guillaume Maillet, puis à Pierre le Virlois, enquêteur au bailliage et siège présidial de Troyes, puis en troisièmes noces à Charles Minos, avocat au parlement, contrôleur du domaine à Troyes.

3. MARIE MAUROY, mariée à Nicolas Paillot, écuyer, seigneur de la Chapelle-Saint-Luc, maire de Troyes en 1618.

Nicolas Mauroy eut du deuxième lit :

4. HENRY, qui continue la descendance.

Huitième degré. — HENRY DE MAUROY, écuyer, seigneur de la Noüe, Mezières, etc., avocat au parlement, marié à Simonne Féloix, fille de François Féloix, seigneur de Beaulieu, et de Jeanne Bazin. Il en eut :

1. HENRY-FRANÇOIS, qui continue la descendance.

2. NICOLAS DE MAUROY, mort jeune.

3. CATHERINE-HENRIETTE DE MAUROY, morte jeune.

Neuvième degré. — HENRY-FRANÇOIS DE MAUROY, écuyer, seigneur de la Noüe, Mézières, Molinons, Boisvilliers, etc., avocat au parlement, conseiller du roi, maître des requêtes ordinaires de l'hôtel de la reine. En 1674, il comparaît à une levée du ban et arrière-ban au bailliage de Troyes. Lors de la recherche de la noblesse de Champagne, sous Louis XIV, M. de

Caumartin rejette d'abord ses preuves, mais le Supplément de la Chesnaye-Desbois, article de Stavayé, indique que sa veuve fut maintenue noble avec le sieur de Mauroy, son fils, gendarme de la garde du roi, par ordonnance de l'intendant de Champagne, du mois d'août 1697. En 1679, il est premier échevin de Troyes, son nom et ses armes figurent en cette qualité sur le plan de Troyes de cette époque. Le 20 décembre 1660, il obtient du bailliage de Troyes une sentence qui fait défense au sieur Parizot, sonneur de Sainte-Madeleine, de lever la tombe de messieurs de Mauroy et d'y enterrer personne sans le consentement dudit Henry-François de Mauroy et autres de sa famille. Par contrat du 29 septembre 1663, il avait épousé Marie-Élisabeth de Stavayé, dont il eut :

1. Louis DE MAUROY, père de l'Oratoire.

2. Pierre-Joseph, qui suit.

3. Marie-Élisabeth DE MAUROY.

4. Angélique-Charlotte DE MAUROY.

5. Marie-Anne DE MAUROY.

6. Louis-Henry DE MAUROY.

7. Henry-Jean DE MAUROY.

8. Louis-François DE MAUROY.

9. Nicolas DE MAUROY, mort jeune ainsi que la plupart des 7 enfants qui précèdent; deux des filles mortes âgées et non mariées.

Dixième degré. — Pierre-Joseph DE MAUROY, écuyer, seigneur de la Noüe, Molinons, Montchevreuil, etc., gendarme de la garde du roi, capitaine d'artillerie au moment de la paix de 1714. Marié à Marie-Catherine le Brun, il en eut :

1. Pierre-Nicolas DE MAUROY, dit l'aîné, capitaine de cavalerie, mort au service.

2. Pierre-Louis DE MAUROY, dit le Chevalier, capitaine et chevalier de Saint-Louis, mort jeune.

3. Mathieu, qui continue la descendance.

4. Anne-Françoise DE MAUROY, morte jeune.

5. Marie-Henriette DE MAUROY, morte jeune.

Onzième degré. — Mathieu DE MAUROY DE MONTCHEVREUIL, chevalier, seigneur de la Noüe, Molinons et Montchevreuil, etc., lieutenant au régiment royal-artillerie, capitaine et aide-major au bataillon de Troyes, chevalier de Saint-Louis. En 1766, il est présenté par le duc d'Estissac et d'autres personnages pour la charge de lieutenant des maréchaux de France à Troyes. En février 1789 il achète pour 14,000 livres la terre de Vaudes. Il assiste aux assemblées de la noblesse du bailliage de Troyes en 1789. C'est probablement lui que la liste supplémentaire des émigrés de l'Aube appelle de Mauroy, ci-devant seigneur de Mergey, possédant des biens à Prugny et Laines-aux-Bois. Il avait épousé Marie-Françoise-Aimée de la Chapelle, fille du seigneur de Saint-Parres-les-Vaudes et Prugny. Il en eut :

1. MARIE-JEANNE DE MAUROY DE MONTCHEVREUIL, mariée en 1802 à E.-J.-M.-H. comte de Mengin-Salabert, ancien lieutenant au régiment colonel-général-infanterie, officier à l'armée de Condé, chevalier de Saint-Louis pendant l'emigration.

2. MARIE-ADÉLAÏDE DE MAUROY DE MONTCHEVREUIL, mariée en 1804 à F.-M. baron de Mengin-Fondragon, qui fut cadet gentilhomme, capitaine au régiment de Normandie, officier à l'armée de Condé, chevalier de Saint-Louis.

RAMEAU DE LA TROISIÈME BRANCHE

Huitième degré. — HUGUES MAUROY, écuyer, fils aîné de Jean Mauroy et de Magdeleine Festuot, fut seigneur de Raucourt et Briaucourt, etc., né en 1552, mort en 1661 et inhumé en l'église de Dienville, où l'on voyait ses épitaphes et armoiries. Il possédait des biens à Eclance qui lui venaient d'un Benigne de Mauroy, mort après 1598, et qui était évidemment son proche parent. Marié à Louise Angenoust, il en eut :

1. JOACHIM, qui continue la descendance.

2. NICOLAS DE MAUROY.

3. MARIE DE MAUROY.

4. MAGDELEINE DE MAUROY, morte à Chaumesnil, et inhumée au Petit-Mesnil le 6 septembre 1651.

5. HUMBERTHE DE MAUROY.

6. Je crois qu'il faut ajouter aux enfants de Hugues un PAUL DE MAUROY, écuyer, marié en 1621 à Marie d'Aigremont, cousine germaine de Marguerite, dont il est parlé ci-dessous.

Neuvième degré. — JOACHIM DE MAUROY, écuyer, seigneur de Raucourt et Briaucourt, du Petit-Mesnil et de Chaumesnil en partie. Marié par contrat du 8 janvier 1610 à Marguerite d'Aigremont, fille de Claude d'Aigremont, chevalier, et de Suzanne de Renty. Le futur époux reçoit 1,500 livres de son père, qui s'engage, en outre, à lui acheter une charge d'exempt des gardes du corps ou autre honorable. Les époux seront communs en biens, excepté pour les chevaux, armes, habits et joyaux de Joachim. Marguerite fut inhumée au chœur de l'église du Petit-Mesnil, où l'on voit encore un fragment de sa tombe. Joachim prit en secondes noces par contrat du 27 septembre 1619 Louise de Ribotteau, fille d'Humbert Ribotteau, seigneur de Villersexel, et d'une demoiselle de la Croix, sœur du baron de Plancy. Ledit Joachim mourut à Nancy servant le roi dans l'arrière-ban. Les enfants connus furent du premier lit :

1. Françoise de MAUROY, mariée à Edme Le Roy de Longeville, écuyer, seigneur de Viaspres.

2. Suzanne de MAUROY, mariée à Robert de Picot, écuyer, seigneur du Petit-Mesnil et de Chaumesnil en partie à cause d'elle.

3. Magdeleine de MAUROY, laquelle en 1632 donne, avec ses sœurs, aveu et dénombrement des fiefs du Petit-Mesnil, Chaumesnil et Ferrières, qu'elles tiennent du chef de leur mère.

Joachim de Mauroy eut du deuxième lit :

4. Charles, qui continue la descendance.

5. Nicolas de MAUROY de RAUCOURT, écuyer, seigneur de Raucourt, tué à la bataille de Rocroy.

6. Louis de MAUROY de BRIAUCOURT, écuyer, seigneur de Briaucourt, fait cornette au régiment d'Autricourt en 1667, mort avant 1680, marié à Élisabeth de Massey, dont il n'eut pas d'enfants.

Dixième degré. — Charles de MAUROY de RAUCOURT, écuyer, seigneur de Raucourt, Voué, Saint-Martin, Viaspres-le-Petit, etc., marié par contrat du 4 juin 1651 à Charlotte de Pilloys, dame de Viaspres, fille de Charles de Pilloys, écuyer, seigneur du Boullay, et de Marie d'Aulnay; puis, en secondes noces, par contrat du 3 août 1666, à Élisabeth de Paris. A sa mort, son château de Voué passa à Henriette de la Grange. Il avait été taxé par défaut lors de la recherche de la noblesse par l'intendant de Champagne Caumartin, sous Louis XIV. Il ne laissa, à ma connaissance, qu'une fille.

1. Anne de MAUROY, dame de Viaspres en partie, mariée le 9 novembre 1682 à Pierre Collot, fils d'un avocat au parlement.

BRANCHE DE BOURGOGNE

Septième degré. — Jean MAUROY, fils de Jacques Mauroy, sergent royal à Troyes, et de Guillemette Regnauld, cité à la troisième branche, fut lieutenant de la compagnie des chevaux-légers du vicomte de Chamoy sous Henri III, marié à une demoiselle de Longeville, dont il eut :

1. François MAUROY, gendarme de la compagnie des ordonnances du duc du Maine, lequel eut, à ma connaissance, un fils :

    a. François de MAUROY, bénédictin.

2. Edme, qui continue la descendance.

Huitième degré. — Edme de MAUROY, écuyer, seigneur de Coulleur, né le 18 juin 1569, chevau-léger dans la compagnie du prince de Joinville, capitaine au régiment de Salzbourg, maréchal général des logis et garde général des vivres de l'armée du prince de Condé en Bourgogne, Bresse, Forez, Lyonnais, Beaujolais, Dauphiné, Provence et Languedoc, enfin maréchal des logis de la maison du prince de Condé. Il mourut le 7 décembre 1651. Marié à Marie de Parenty, il en eut :

1. Jean de MAUROY, écuyer, seigneur de la Garde, dit l'aîné, né le 11 décembre 1613 à Chambon, gendarme de la compagnie du prince de Condé, officier au régiment de Champagne sous le sieur Lavaux, son oncle, lieutenant aide-major audit régiment, servit au siège de Nancy, en Alsace, dans la Valteline, en Hollande, puis à Dijon auprès de la personne d'Edme de Mauroy, son père ; fut fait lieutenant et aide-major au régiment d'Enghien, sergent-major de ce régiment en 1645, capitaine et major de la ville de Seurre, puis gouverneur et lieutenant de roi de cette ville en 1648. Il épousa, par contrat du 25 février 1653, la baronne de Pourlans, née Gabrielle Dugon, veuve de Jacques de Corcelles, baron de

Pourlans, Auvillars et Bousselanges. Il est cité comme un homme d'une intrépidité à toute épreuve. Il ne paraît pas avoir eu d'enfants. Lors de la recherche de la noblesse sous Louis XIV il fut taxé, ses titres ne se trouvant pas en règle. MM. Beaune et d'Arbaumont dans *la Noblesse aux États de Bourgogne,* remarquent que sa famille fut sans doute relevée depuis, puisqu'elle fut admise aux États de Bourgogne.

2. JEAN, qui continue la descendance.

3. Je ne sais où rattacher un CLAUDE MAUROY, lieutenant réformé au régiment de Bourgogne en 1670. Peut-être est-il de cette branche et de ce degré.

Neuvième degré. — JEAN DE MAUROY, écuyer, dit le cadet, seigneur de Souvert, Marcheseuil, Visigneux, la Garde et Montaigny, lieutenant au régiment de Condé en 1649, mort en 1660. Marié à Marie-Anne de Sauldon, dame de Marcheseuil, en 1643, il en eut :

1. JEANNE-MARIE DE MAUROY, mariée à Claude des Paillards, écuyer, seigneur de Bussières.

2. ÉTIENNE-FRANÇOIS DE MAUROY, écuyer, né en 1652, lieutenant au régiment d'Enghien.

3. FRANÇOIS DE MAUROY, demeurant aux Bordes, à Marcheseuil.

4. LOUIS DE MAUROY DE SAULDON, écuyer, né à Marcheseuil en 1655, cornette au régiment de Pignon, capitaine aide-major au régiment de Mauroy en 1697, probablement tué à la guerre. Marié à Philiberte de Mulot, il en eut :

a. FRANÇOIS DE MAUROY-SAULDON, écuyer, né en 1682, cornette au régiment de Mauroy en 1697, lieutenant audit régiment en 1709, lieutenant au régiment de Condé puis au régiment dauphin-cavalerie, chevalier de Saint-Louis, pensionné du roi, mort doyen des officiers en 1776, n'ayant pas d'enfants survivants de Perrette de la Coste, son épouse.

b. PIERRE DE MAUROY, chevalier, né en 1688, aide-major au régiment de Mauroy, lieutenant au régiment de Condé-cavalerie, marié à Élisabeth de Santi, dont il ne paraît pas avoir eu d'enfants.

c. DE MAUROY, curé de Censerey.

d. CLAUDINE-ANTOINETTE DE MAUROY.

e. JEANNE-MARGUERITE DE MAUROY, mariée en 1709 à Nicolas Valletat, ancien lieutenant au régiment de Condé.

f. Louis DE MAUROY.

g. DENIS-SIMON DE MAUROY, né en 1700, abbé de Saint-Pierre, premier chanoine de Melun, vicaire général du cardinal-archevêque de Sens jusqu'en 1789. On le perd de vue à la Révolution.

h. CATHERINE DE MAUROY.

5. CHARLES DE MAUROY DE MARCHESEUIL, écuyer, capitaine au régiment d'Aligny puis au régiment de Bourgogne vers 1695, marié à Catherine de James, ils n'eurent qu'une fille morte en bas âge.

6. PIERRE-CLAUDE, qui continue la descendance.

Dixième degré. — PIERRE-CLAUDE DE MAUROY, écuyer, sieur des Bordes, seigneur de Marcheseuil, Saint-Félix, etc., cornette de cavalerie au régiment de Bascheviller, en 1690, capitaine au régiment de Mauroy en 1696, lieutenant-colonel du régiment de Condé-cavalerie en 1709, chevalier de Saint-Louis en 1716. Marié à Marguerite de la Rivière, fille de Helme de la Rivière et de Marguerite de Coutrecourt, il en eut :

1. PIERRE DE MAUROY DES BORDES, chevalier, né en 1692, lieutenant au régiment de Condé, puis au régiment royal-étranger. Marié à Anne Robelot, fille du premier huissier du parlement de Bourgogne, mort en 1770.

2. MARIE-CLAUDE DE MAUROY, mariée à Roch-Philibert de Courroy, écuyer, puis à Philippe Quarré de Juilly, écuyer, seigneur de Souvert, Fontaines, Juilly, Malpertuis, lequel eut une jambe emportée par le canon, à Malplaquet.

3. PIERRE-LOUIS, qui continue la descendance.

4. JEANNE-MARGUERITE DE MAUROY, mariée à François-Eustache de Scorailles, chevalier, seigneur de Saint-Félix, Fontaines, etc., capitaine au régiment de Bourgogne.

Onzième degré. — PIERRE-LOUIS DE MAUROY DES BORDES, chevalier, seigneur de Buffon, Marcheseuil, Fontaines-les-Arnay, lieutenant au régiment de Condé, capitaine au régiment de Grassin, puis capitaine au régiment de Lorraine-cavalerie et chevalier de Saint-Louis, pensionné du roi, mort en 1773 et inhumé au chœur de l'église de Marcheseuil. Marié à Marie-Agathe Bault, il en eut :

1. CHARLES-LOUIS, qui suit :
2. MARIE-JEANNE DE MAUROY.
3. BARBE-AGATHE DE MAUROY, morte en 1772 à trente-quatre ans et inhumée au chœur de l'église de Marcheseuil, sépulture de ses ancêtres.
4. CLAUDINE-PIERRETTE DE MAUROY, qui faisait des preuves de noblesse en 1737.

Douzième degré. — CHARLES-LOUIS DE MAUROY, chevalier, seigneur du Grand-Millery, capitaine au régiment de Lorraine en 1770 et chevalier de Saint-Louis, lieutenant-colonel des grenadiers de France de la comté de Bourgogne dont le marquis de Mauroy était colonel; en 1775 il entre aux États de Bourgogne comme membre de la noblesse, après avoir prouvé qu'il est ancien gentilhomme. Il passa en Amérique avec le grade de brigadier des armées; on ignore sa destinée depuis.

NOTES

___

Je dois à l'obligeance de M. Roserot, archiviste des archives historiques de la Haute-Marne, la communication des actes qu'il a laborieusement recueillis dans les plus anciens registres des archives de l'état civil de Troyes. J'ai été heureux d'y trouver une utile et solide confirmation des données filiatives de la généalogie qui précède.

Je dois aussi mes remerciements à M. le Clert, membre résidant de la Société académique de l'Aube, qui a bien voulu m'ouvrir libéralement sa riche collection de notes sur les anciennes familles de Troyes.

Je n'ai pu comprendre, dans mon travail, tous les Mauroy isolés ou formant rameaux détachés que j'ai trouvés à différentes dates, et surtout dans les trois derniers siècles, au dehors de Troyes ou dans d'autres provinces, dès lors que rien ne témoignait de leur parenté avec nous; j'ai écarté de même ceux qui se réclamaient d'une origine commune avec nous sans pouvoir l'établir, ou contrairement à leur généalogie vraie.

Quant à l'importante branche des de Mauroy, issue de Séraphin Mauroy, vivant vers 1600 et cité aux *Troyens célèbres* de Grosley à l'article Mauroy, sa branche principale brilla à Paris au xviiᵉ siècle, elle eut un rameau en Poitou aux xviiᵉ et xviiiᵉ siècles, un autre se fixa dans le Brabant, et un de ses cadets est passé en Autriche, où il a reçu le titre de baron. M. de Mauroy de Merville a bien voulu m'envoyer en communication ses intéressantes archives de famille qui complétaient mes documents sur cette branche. J'en ai ainsi la généalogie depuis Séraphin Mauroy cité plus haut, mais sa jonction avec les Mauroy de Troyes n'existe pas, et la différence des armoiries des deux familles semblerait témoigner, contrairement à ce que paraît croire Grosley, que nous sommes réellement en présence de deux familles bien distinctes.

Grosley cite encore, dans le même ouvrage, un Denys de Mauroy, procureur général au parlement de Paris en 1410, qui avait été procureur du roi aux grands jours de Troyes peu d'années auparavant. Il appartenait à une famille de Coulommiers, sur laquelle je possède quelques documents filiatifs qui m'ont été communiqués par M. Roserot, et qui ne nous montrent aucun rapport entre cette famille et la nôtre.

Enfin, un certain nombre de titres et actes citent une famille de Mauroy à Troyes, de 1255 à 1400 environ, alliée aux le Lorgnes, le Gras, etc. J'ai pu en reconstituer la filiation à peu près complète et en ai retrouvé deux sceaux. La similitude des armoiries me fait croire que ces anciens de Mauroy de Troyes n'étaient qu'une branche cadette des de Mauroy du Cambrésis, lesquels étaient eux-mêmes, d'après le Carpentier, une branche cadette de l'illustre maison de Wallincourt, apanagée du fief de Mauroy, près Cambrai, à une époque très ancienne. Ces anciens de Mauroy existaient encore sur la paroisse Sainte-Madeleine lorsque Jacques Mauroy (deuxième degré de la généalogie) vint s'y établir en 1360, mais ils disparaissent une cinquantaine d'années après.

Je m'abstiens de parler de la prétendue origine d'Artois, que MM. de Courcelles et Lainé attribuent à notre famille. Je n'ai rencontré aucune preuve sur laquelle on puisse essayer de l'établir. Ceux qui nous la donnent citent un prétendu Olivier de Mauroy, en Artois, qu'on range parmi nos ancêtres, et qui n'est autre, à bien lire les actes, que le fameux capitaine Olivier de Mauny, si souvent cité dans les chroniques du xive siècle.

Ai-je besoin d'ajouter, en terminant, que dans le travail qui précède et que j'offre aux miens, je n'ai eu d'autre souci que celui de la plus stricte exactitude historique, d'autre but que celui d'établir l'état vrai et authentique de ma famille dans les siècles passés, et d'autre guide que l'amour de la vérité, persuadé qu'en ces matières c'est honorer vraiment les siens que de les aimer dans la situation réelle où Dieu les plaça, sans préoccupation d'amour-propre ou de vanité.

FONTAINEBLEAU. — E. Bourges, imp. breveté.

252

www.ingramcontent.com/pod-product-compliance
Lightning Source LLC
Chambersburg PA
CBHW061649180626
46818CB00003B/1015